Guía completa
del cultivo del tomate

Fausto Gorini

GUÍA COMPLETA DEL CULTIVO DEL TOMATE

dve
PUBLISHING

© Editorial De Vecchi, S. A. 2018
© [2018] Confidential Concepts International Ltd., Ireland
Subsidiary company of Confidential Concepts Inc, USA
ISBN: 978-1-64461-167-8

ÍNDICE

CARACTERÍSTICAS BOTÁNICAS

La tomatera es una planta vivaz que se cultiva como anual por motivos esencialmente económicos. Su cultivo es tanto más rentable cuanto más corto es su ciclo. En España, como es evidente, el cultivo como planta anual viene impuesto por el clima de las distintas regiones, ya que durante el invierno, en la mayoría de ellas, no sobrevive al frío.

La especie presenta un acentuado polimorfismo. El tamaño de la planta, las características vegetativas, los caracteres de las hojas y de los frutos son tan diferentes que existen numerosos cultivadores que producen cada uno un fruto destinado a un uso específico.

El aparato radical (las raíces)

Es importante conocer la estructura del aparato radical de la tomatera, ya que a pesar de no ser visible, es un elemento fundamental.

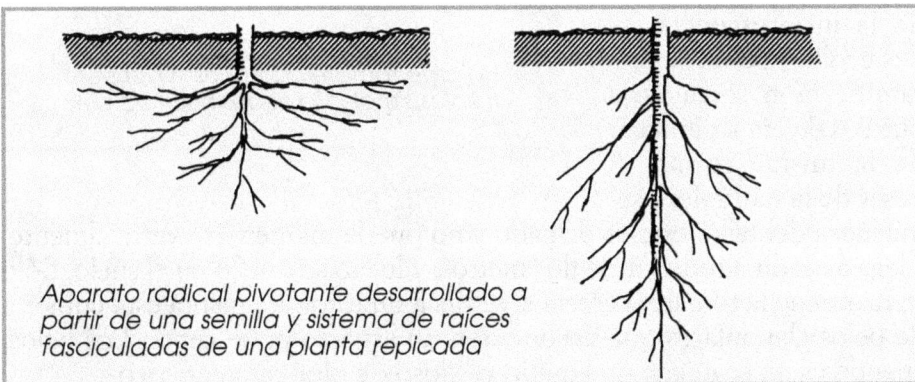

Aparato radical pivotante desarrollado a partir de una semilla y sistema de raíces fasciculadas de una planta repicada

Al germinar la semilla se desarrolla una raíz vertical que puede alcanzar una profundidad de 60 cm. Cuando se practica el trasplante este pivote se rompe y resulta sustituido por numerosas raíces adventicias y ramificadas, que se extienden en la tierra a una profundidad media.

El tallo y las hojas

Al principio, la tomatera desarrolla en la parte aérea un tallo pequeño, delgado, del que salen las hojas en disposición alterna. A lo largo del tallo se forman los nudos (abultamientos visibles), de donde surgirán las hojas. Las inflorescencias aparecen en el eje principal, justo debajo del ápice, después de salir la cuarta hoja. Entonces el crecimiento se interrumpe. Una yema, ubicada en la axila de la última hoja, situada debajo de la inflorescencia, se desarrolla y formará una ramificación secundaria que se volverá a ramificar de la misma forma. A pesar de la naturaleza se-

Hoja de tomate compuesta por siete foliolos simples, a veces nueve o diez

mileñosa del tallo, este es delgado y no puede mantenerse verticalmente. Llega a medir alrededor de dos metros, y luego se tumba en el suelo. Sólo se mantiene la tomatera erecta si se fija a un tutor. La planta está cubierta de pelos glandulares que le confieren un aspecto pubescente. Los pelos, cuando caen, segregan un líquido verdoso de olor característico.

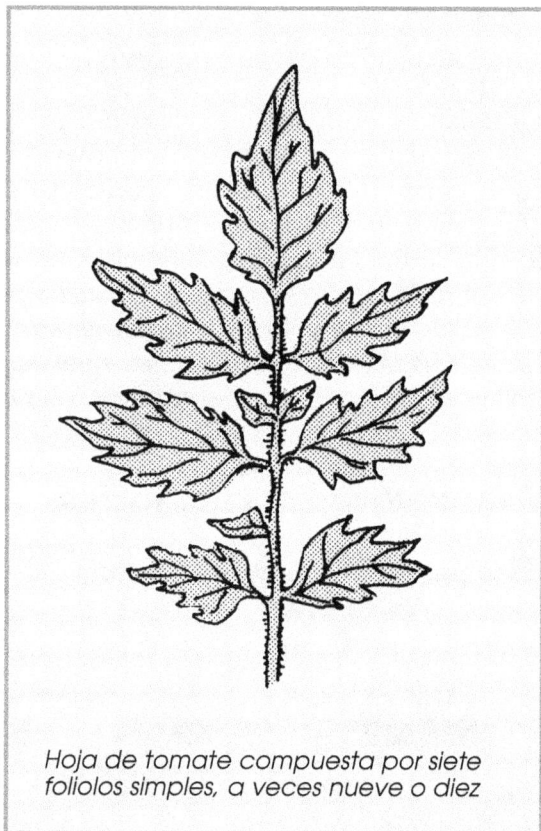

Algunas variedades son de crecimiento determinado o, como también se las denomina, de crecimiento limitado o enanas. En una etapa inicial detienen su desarrollo y producen una inflorescencia terminal. La talla reducida les permite mantenerse erguidas de forma natural, y por lo tanto, no requieren un tutor. La ventaja de estas variedades de maduración agrupada es que tienen un ciclo productivo reducido.

Otro aspecto propio de esta especie se halla vinculado a la característica que las hojas miden hasta 25 cm. Se trata de hojas pinnadas o compuestas, es decir, formadas por varios foliolos simples, cuyo número varía de 9 a 11. Existen otros casos con características distintas ya que se pueden ver influidas por los factores edafoclimáticos.

Una particularidad de las tomateras es la capacidad de producir continuamente yemas nuevas en la axila foliar. De estas yemas salen brotes secundarios que a su vez producen nuevas yemas. La tomatera adquiere forma de arbusto denso que necesita un mantenimiento constante para ser productivo. El número y el vigor de las yemas depende evidentemente de cada especie. Algunas plantas son grandes y esbeltas, otras son pequeñas y achaparradas.

Las flores

Las particularidades de las inflorescencias (es decir la forma de agruparse de las flores en una planta: en corimbo, en cima o en racimo) son importantes. En general, las inflorescencias que se forman en la base son más simples y producen uno o dos frutos; las superiores son más complejas y dan un mayor numero de frutos. La floración de una cima no tiene lugar de una sola vez, sino que sigue un orden progresivo desde la base hasta el ápice, por lo que en un mismo racimo encontraremos al mismo tiempo frutos verdes, flores abiertas y botones florales.

Las flores son características. La flor es bisexuada (lleva a la vez órganos sexuales masculinos y femeninos); prevalece la autofecundación: los óvulos son fecundados por el polen de la misma flor. Es importante saberlo cuando hay problemas ligados a la polinización y al desarrollo del fruto. La flor es simple y formada por un cáliz gamosépalo —es decir, único, con cinco lóbulos soldados entre sí, que se mantienen en el fruto— y una corola de color amarillo, gamopétala, rotácea, formada por

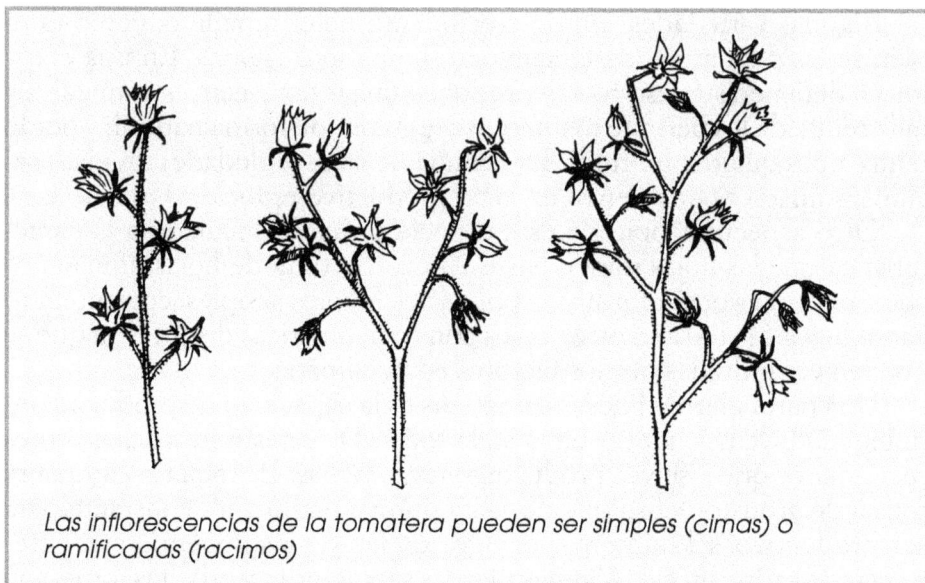

Las inflorescencias de la tomatera pueden ser simples (cimas) o ramificadas (racimos)

cinco pétalos, aunque a veces puede haber seis o siete. Los estambres —es decir, el órgano sexual masculino de la flor— se encuentran generalmente en número igual al de pétalos; son siempre muy pequeños y prácticamente soldados entre sí, a modo de anillo. Poseen las anteras que contienen el polen: las células fecundadoras masculinas. El polen se libera a través de una fisura que se forma en el ápice de la antera cuando esta alcanza la madurez. El ovario —el órgano sexual femenino de la flor— es bicarpelar, sin embargo puede tener varios tabiques y contener numeroso óvulos. Encima sigue el estilo —que en algunas variedades sobrepasa a las anteras— y acaba en el estigma.

Cuando las corolas se abren, el estigma es receptivo.

Al cabo de uno o dos días, el polen es liberado por las anteras y va a parar al estigma. La fecundación comienza. El polen se estira lentamente (tubo polínico) hacia el ovario. La fecundación propiamente dicha acontece al cabo de uno o dos días. Si por distintas razones no tiene lugar, la flor se seca empezando por los pétalos y seguidamente cae. La flor o el fruto joven también pueden caer por motivos patológicos o fisiológicos una semana después de que la fecundación haya tenido

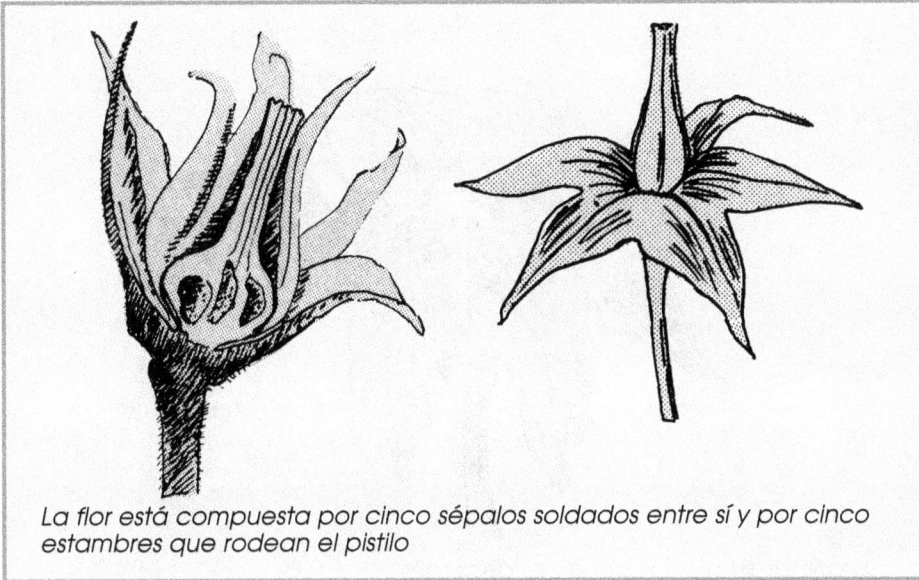

La flor está compuesta por cinco sépalos soldados entre sí y por cinco estambres que rodean el pistilo

lugar. Este fenómeno, que se llama falso cuajado, tiene distintas causas que se pueden mitigar pulverizando con hormonas específicas (véase más adelante). El fruto tarda entre cuarenta y cinco y sesenta días en madurar después de la polinización.

El fruto

El fruto es una baya carnosa de forma variable. Se cultivan variedades de fruto redondo, ovalado o acostillado. Interiormente y trazando una sección transversal observaremos las cavidades ováricas que contienen numerosas semillas diseminadas en un medio gelatinoso. Puede haber sólo dos cavidades, o alcanzar el número de seis o siete. Los pigmentos presentes en el fruto maduro son los antocianos, responsables del color rojo, y los carotenos, responsable del color amarillo. El porcentaje de estos dos pigmentos viene determinado por los factores genéticos, pero también por el estadio de desarrollo, las condiciones climáticas relativas a la temperatura y la luz.

13

Tomate joven al principio de su desarrollo

Formas de tomates: a) semiacostillado; b) acostillado; c) redondo y liso;
d) con forma de pera; e) para conserva; f) alargado

1) corte transversal de un tomate redondo bilocular;
2) corte transversal de un tomate redondo trilocular;
3) corte longitudinal de un tomate alargado

se: sépalo de cáliz;
pe: pedúnculo;
pc: pericarpio;
ta: tabique;
pl: placenta;
sm: semillas

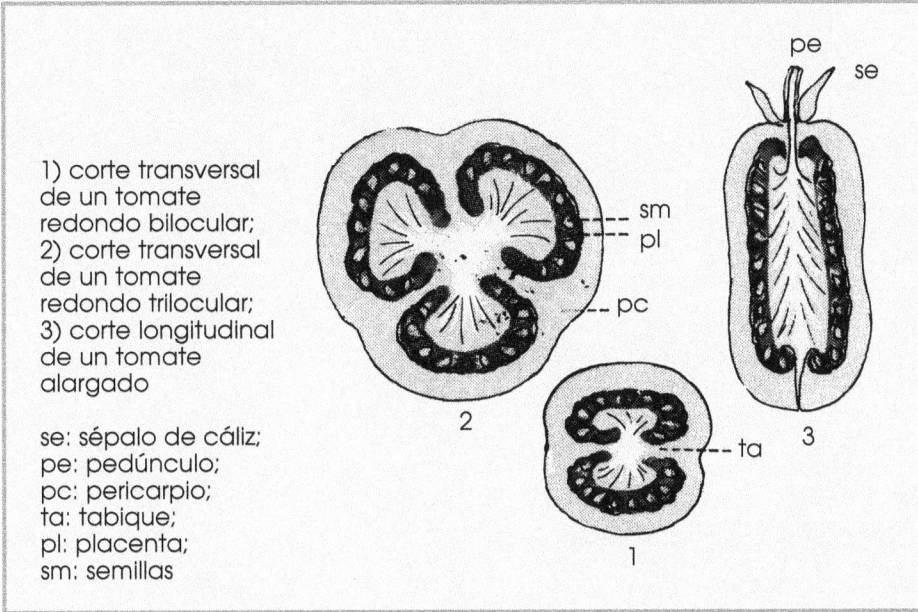

Los carotenos predominan cuando hace calor y la luz es intensa: los frutos tienen una tonalidad amarillenta, incluso presentan manchas. La coloración es entonces defectuosa.

ORIGEN DE LA PLANTA
DEL TOMATE

El nombre botánico del tomate aceptado actualmente es *Lycopersicum esculentum*, aunque antiguamente se denominaba *Solanum lycopersicum*.

Se trata de una planta herbácea, vivaz, cultivada como anual, apreciada por sus frutos. Pertenece a la familia de las solanáceas.

La especie presenta numerosas variedades espontáneas originarias de América del Sur. En Europa se utilizó al principio como planta ornamental y sólo más tarde, con la introducción de variedades de frutos rojos después de las de color amarillo dorado, se comenzó a cultivar para su consumo. En efecto, cuando las tomateras se introdujeron en Europa, los frutos eran amarillos y recordaban a las manzanas. Las primeras alusiones referidas a estas plantas en los distintos países europeos las denominaban como sigue: *gold apple* en inglés, *pomme d'or* en francés y *paradiesapfel* en alemán.

El cultivo del tomate es bastante reciente, ya que data sólo de principios del siglo XIX. Parece ser que en Italia la región napolitana fue la primera en cultivarlo y utilizarlo en la cocina. Se consumía tanto crudo como cocido. De aquí se expandió al resto de los países mediterráneos y más tarde al centro de Europa.

Expansión

Se atribuye su expansión a la reputación que alcanzó la deliciosa salsa que se obtenía al hervir los tomates, y después pasarlos por un tamiz para eliminar la piel y las semillas. A Estados Unidos se debe el desarrollo industrial y el cultivo en campo abierto. El cultivo del tomate se racionalizó tanto en el plano económico como técnico has-

ta el punto que actualmente se considera que es la hortaliza más cultivada en el mundo.

Sin duda, es una de las hortalizas que las asociaciones mundiales han designado como objeto de estudio prioritario, primordial para la humanidad.

LA PRODUCCIÓN ESPAÑOLA

España es uno de los principales productores de tomate de Europa, ya que representa este cultivo un 23 % del valor de la producción del sector. Una característica que lo diferencia del resto de países es que aquí se producen tomates, tanto para ser utilizados en fresco como para su transformación industrial. El producto en fresco representa el 70 % de la producción, del que se destina a la exportación el 25 %, y el producto

PRODUCCIÓN DE TOMATE EN ESPAÑA			
	1989	1992	1995
superficie (hectáreas)	66.100	55.800	55.200
producción (toneladas)	2.963.800	2.647.700	2.841.200
importaciones (toneladas)	8.303	15.819	3.377
exportaciones (toneladas)	410.457	468.859	742.229
transformaciones (toneladas)	905.200	778.400	852.360
producción para el consumo en fresco (toneladas)	2.117.000	1.869.000	1.988.840

como materia prima industrial supone el 30 % de la producción, del que un 50 % se destina a la exportación.

Se trata de un sector en alza, ya que en la última década la producción total ha crecido un 20 %, sobre todo gracias al aumento de la demanda de tomate para uso industrial. Los motivos son múltiples y se justifican por los complejos factores que guían la oferta y la demanda en un mercado globalizado como el actual.

El cultivo de tomate se distribuye por zonas, unas con mayor inclinación a la exportación y a la producción para el consumo en fresco, como es el caso de Alicante, Murcia, Valencia, Almería y Canarias. En estas regiones la obligada normalización del producto destinado a los mercados exteriores ha impuesto una organización y una modernización de las empresas. Otras regiones como son el Ebro (Navarra, Rioja y Zaragoza) y Extremadura se han especializado en el cultivo de tomate para la industria.

El consumo del tomate fresco ha variado su tendencia en los últimos años: primero ha ido en aumento y últimamente se ha estabilizado. Estas oscilaciones responden a las variaciones naturales entre la oferta y la demanda. Por otro lado la oferta ha mejorado sustancialmente su capacidad productiva.

Las zonas de cultivo de tomate para el consumo fresco y las zonas de cultivo para la industria utilizan técnicas diferentes, se dirigen a mercados y demandas distintas y evidentemente tienen una actividad independiente.

Las modificaciones en la política agrícola comunitaria, los cambios tecnológicos y la evolución de la demanda tienen unas importantes consecuencias sobre el sector productivo del tomate fresco en España, y evidentemente también en la Unión Europea. Es posible pronosticar que en los próximos años el sector se transformará continuamente hasta ajustarse al nuevo panorama, establecido según las actuales tendencias. Esto afectará a cada región en particular y a todo el conjunto del sector al mismo tiempo.

Cabe suponer que las mejores condiciones naturales de nuestro país permitirán, principalmente para las cosechas fuera de temporada y en la zona del Mediterráneo, un ajuste estacional de la oferta.

Otra tendencia actual que se va perfilando apunta hacia un mayor consumo de productos naturales y novedosos. Por lo tanto las prácticas

agronómicas se van a orientar hacia técnicas menos contaminantes. La selección de nuevas variedades, el cultivo biológico y la lucha integrada contra plagas y enfermedades serán los condicionantes que orientarán las nuevas tendencias, así como unas mayores exigencias del público y un mayor rigor en legislación medioambiental.

Épocas de producción

La producción de tomate se escalona actualmente a lo largo de todo el año, sobre todo en las zonas del sur (Almería, Canarias), las más favorables climáticamente. Esto también es debido al empleo de técnicas de cultivo que permiten la cosecha fuera de temporada, tanto de forma temprana como muy tardía, respecto a las cosechas al aire libre, típicas de los meses de verano.

Sin embargo, hay que tener en cuenta que el 75 % de la producción se lleva a cabo entre abril y septiembre.

El clima favorable de algunas regiones permite las cosechas precoces o tardías recurriendo a diversas estructuras cubiertas: los invernaderos con calefacción, los invernaderos fríos y los túneles permiten que los tomates afronten los periodos menos favorables. Para comprender los distintos tipos de cultivo en relación con la época de cosecha, es necesario fijar los periodos y las denominaciones de las producciones:

— precoz: cosecha de febrero a mayo;
— semiprecoz: cosecha de junio a julio (a veces prolongada bajo protección);
— producción de verano, normal: de julio a septiembre y a veces hasta octubre;
— producción tardía: de agosto a noviembre (a veces más tarde, si es en invernadero con calefacción pero es más costoso).

Evidentemente a cada uno de estos periodos de producción le corresponden técnicas y prácticas de cultivo diferentes, que tienen en cuenta la diversidad de las regiones. Es posible, si se consideran las particularidades climáticas y los periodos de producción correspondientes, dividir España en cuatro grandes regiones: la región del sureste penin-

TABLA RESUMEN DE LAS ÉPOCAS DE PRODUCCIÓN

Fase de cultivo	Región	Mes	Observaciones
cultivo temprano			
siembra o vivero		20 a 40 días antes de la plantación	ambiente protegido sin calefacción ambiente protegido con calefacción
repicado en invernadero	sureste	noviembre-diciembre	en invernadero de cristal con calefacción y aislamiento térmico
	Ebro y Extremadura	diciembre-enero	en invernadero de cristal con calefacción y aislamiento térmico
inicios de la cosecha	sureste	15 febrero	fecundación artificial o tratamiento hormonal
	Ebro y Extremadura	principios de abril	fecundación artificial o tratamiento hormonal
final de la cosecha		finales de junio	según imposiciones económicas
cultivo semiprecoz (protección sin calefacción)			
siembra o vivero		30 a 50 días antes de la plantación	en invernadero con calefacción o en lecho caliente en invernadero con calefacción o túnel con calefacción
repicado	sureste	10 marzo	en el suelo bajo invernadero de plástico
	Ebro y Extremadura	20 abril	en el suelo bajo invernadero de plástico con acolchado
	otras	principios de mayo	ídem
inicios de la cosecha	sureste Ebro y Extremadura otras	15 junio finales de junio a principios de julio	
final de la cosecha		finales de julio a principios de agosto	según necesidades económicas y condiciones climáticas

(continúa)

TABLA RESUMEN DE LAS ÉPOCAS DE PRODUCCIÓN

Fase de cultivo	Región	Mes	Observaciones
cultivo de otoño			
siembra		30 días antes de la plantación	ambiente protegido
repicado	sureste / Ebro y Extremadura	mediados de mayo / finales de junio	bajo túnel, encalado al aire libre
inicios de la cosecha	sureste / Ebro y Extremadura	{ 20 julio / 20 septiembre	
final de la cosecha	sureste / Ebro y Extremadura	mediados de noviembre / finales de octubre	hasta el final de la producción (esporádicamente calefacción de apoyo)
cultivo de verano (en el campo)			
siembra	sureste	30 a 40 días antes de la plantación	ambiente protegido
repicado	sureste / Ebro y Extremadura / otras	abril / 15 mayo / 15 mayo	
inicios de la cosecha	sureste / Ebro y Extremadura / otras	principios de julio / mediados de julio / mediados de agosto / principios de agosto	
final de la cosecha		{ finales de agosto a finales de septiembre	hasta el final de la producción

23

sular (Valencia, Alicante, Murcia y Almería), el Ebro (Navarra, Rioja y Zaragoza), Extremadura y Canarias. Además se da el caso de que las instalaciones utilizadas para la producción están estrechamente ligadas a la región y al tipo de cultivo que se va a realizar: invernadero, túnel, etc. La siembra, el repicado a raíz desnuda o con cepellón, la siembra directa sobre el terreno, las plantas con o sin tutor, la poda, etc.; todo depende de la región.

Selección de variedades

Los investigadores han obtenido un gran número de variedades, por lo menos un centenar. Los criterios que influyen sobre la selección y la utilización son múltiples. Primeramente conviene que una variedad sea resistente a las enfermedades y se adapte de forma óptima a las características de la región, al clima, al suelo y a los métodos de cultivo, teniendo en cuenta además el destino del producto: mercado interior, mercado exterior, industria. Quedan determinadas las aptitudes de una nueva variedad una vez se ha realizado una prueba en una parcela experimental y se han observado los resultados. En realidad el criterio principal para juzgar una variedad es su productividad. De todas formas el rendimiento no depende sólo de las características genéticas. También depende de la fertilidad del suelo, de los abonos, del sistema de cultivo y de las condiciones climáticas. De manera que solamente valorando sobre el terreno las reacciones de las plantas a los distintos factores ambientales y su adaptabilidad a las condiciones edafoclimáticas de las distintas regiones, es posible determinar de forma fiable la productividad. En cuanto a las variedades destinadas a la transformación, se tendrán en cuenta otras características, algunas ligadas a los aspectos edafológicos, y otras a las particularidades del fruto.

En primer lugar, se debe considerar la duración del ciclo, la posibilidad de obtener bayas tempranas o tardías respecto al periodo de producción normal. Esto depende también de la capacidad de la planta para soportar, durante las primeras fases del crecimiento, condiciones climáticas que no son las más adecuadas, y más tarde conseguir que los frutos maduren incluso en condiciones climáticas poco favorables. También es necesario tener en cuenta otro aspecto: la posibilidad de cultivar

plantas trepadoras o enanas reduciendo de este modo el coste de producción, sin que ello comporte una reducción de la misma por un aumento de la sensibilidad de las plantas a las enfermedades, la podredumbre en los frutos o por los daños causados por el sol cuando el desarrollo foliar es modesto. Del mismo modo se debe evaluar las aptitudes para la transformación. Los principales productos obtenidos industrialmente son: los tomates pelados y los concentrados, las salsas normales, sazonadas o concentradas, el puré de tomate. Otras producciones de menor importancia son los jugos, el polvo, los cubitos congelados, encurtidos y los tomates secos. Los concentrados son los productos industriales de mayor importancia y el fruto destinado a este uso debe poseer una pulpa abundante. El porcentaje de zumo (jugo puro de tomate) puede variar entre el 88 y el 92 %; el resto está formado por piel, semillas y pedúnculos. Al mismo tiempo este jugo debe tener un alto contenido en materia seca, con el fin de reducir al mínimo el coste de materia prima para la preparación de salsas y concentrados. Las conservas se preparan concentrando el jugo —una vez eliminadas las semillas y las pieles— al vacío y a una temperatura de 50-55 °C para preservar el color y el aroma típicos del producto fresco. Una vez realizada la concentración queda un residuo correspondiente al 16, 22, 36 o 54 %, según las variedades. Se determina este porcentaje utilizando un refractómetro: se dejan caer unas gotas de pulpa sobre este instrumento y se determina el porcentaje observando la zona más oscura sobre una escala graduada.

En el fruto, el residuo varía entre el 3 y el 5 % como máximo; para obtener 1 kg de triple concentrado, hacen falta por lo menos 7 kg de tomates frescos. Siempre dentro del ámbito industrial también hay que tener en cuenta otros factores: el color de la pulpa, y por lo tanto del jugo, debe ser de color rojo intenso, el contenido en ácidos y en celulosa tiene que ser bajo y el de azúcares alto.

Para la preparación de las populares latas de tomate al natural pelado, los frutos tienen que pelarse, contener poca placenta y pocas semillas, tener forma alargada, cilíndrica, regular y una pulpa carnosa. Su coloración debe ser completamente uniforme, rojo desde la base del pedúnculo. A los frutos, una vez escaldados (se someten a una temperatura elevada sin que lleguen a hervir), se les quita la piel que debe desprenderse completamente y con facilidad. Los tomates preparados de esta forma se disponen en botes previamente esterilizados.

Para las verdulerías, los frutos responden a otras características diferentes. Los tomates de mesa suelen ser de tamaño medio-grande con buen sabor y color. El color debe ser uniforme y no tienen que presentar fisuras. También se cultivan tomates de tamaño pequeño destinados a la exportación. Los tomates de forma alargada o tipo pimiento se usan para su consumo en fresco o para conservas caseras. Para ensalada se prefieren los tomates de tamaño medio, de unos setenta milímetros de diámetro, con una pulpa firme, carnosa, perfumada y la piel brillante, con pocas pérdidas de zumo al cortarlos. La cantidad de semillas y de placenta son poco importantes, así como el número de cavidades o lóculos.

Entre las nuevas obtenciones genéticas se puede destacar las variedades tipo *Uniform colour* seleccionadas para las condiciones climáticas de tipo mediterráneo y en pleno campo. Son tomates redondos, lisos, con forma y calibre regulares. El desarrollo del fruto es claramente superior al de las variedades tradicionales. Sus características genéticas particulares influyen en la coloración gracias a una maduración más regular en cada racimo floral y en cada fruto: no se mantiene el cuello verde antes de la maduración (zona que rodea el pedúnculo que sostiene el fruto). A pesar de un reblandecimiento insignificante una vez maduros —lo que favorece su conservación— la pulpa se mantiene ligeramente jugosa.

Conviene no olvidar en este conjunto de posibilidades los tomates para conserva de maduración tardía. Las bayas son muy pequeñas, tienen pocas semillas, pero son muy resistentes. Se las conserva todavía sujetas al racimo, formando una guirnalda y colgadas en un local fresco y aireado.

Algunas variedades son de crecimiento determinado, lo que significa que su crecimiento es limitado. La maduración de los frutos entonces es uniforme. Otra novedad aportada por la genética: las plantas muestran una resistencia aventajada a ciertas enfermedades, por ejemplo el virus del mosaico del tomate, los nematodos o el mildiu. Probablemente en un futuro dispondremos de nuevas variedades que nos permitirán producir con unos costes más reducidos.

Al examinar los catálogos de las empresas productoras de semillas se hace necesario poseer conocimientos precisos para elegir bien las variedades que se van a cultivar. En los catálogos describen en primer lugar el

ciclo vegetativo (temprano o tardío), el tamaño de la planta (enana determinada, autoportante o gigante indeterminada), la estación adecuada para el cultivo en invernadero, en pleno campo o para la producción otoñal. En general siguen con la descripción de los frutos: redondos, acostillados, lisos y sus características, así como el mercado de destino: mercado interior, exportación, conserva de tomate pelado, concentrados, etc.

Cada variedad viene acompañada de unas siglas de identificación, destacando la resistencia particular a algunas enfermedades:

F:	*Fusarium oxisporum f. sp. licopersici* (raza 1)
V:	*Verticillium albo-atrum*
Asc:	*Alternaria solani*
St:	*Stemphyllium solani*
C1:	*Cladospurium fulvum* raza A
ToMV:	Virus del mosaico del tomate
TSWV:	*Tomato Spotted Wilt Virus*
N:	Nematodos, *Meloidogyne sp.*

Los híbridos se designan con las siglas *F1*. Estas plantas son generalmente más vigorosas y productivas; sin embargo las semillas no se pueden utilizar para producir nuevas plantas: sus características serían distintas a las del híbrido.

Es muy importante conocer las características particulares de los frutos para utilizarlos lo mejor posible; recordaremos rápidamente algunas de ellas.

Tomates de mesa

Las variedades deben ser precoces. El fruto debe tener una pulpa firme, pocas semillas, con cavidades pequeñas, la piel fina pero resistente a las fisuras y poco frágil durante el transporte y las manipulaciones. La tendencia se orienta hacia los frutos redondos, de formato uniforme, no muy grandes, lisos y sin costillas. Deben cosecharse cuando son de color rojo.

Tomates para conserva de tomate pelado

Deben ser alargados, cilíndricos, llenos, uniformemente maduros, de color rojo intenso, incluso junto al pedúnculo. La pulpa poco jugosa, la placenta reducida, carnosos y firmes; es necesario que resistan a las altas temperaturas sin deshacerse durante la preparación y que sean fáciles de pelar.

Tomates para concentrados de tomate

Deben estar uniformemente maduros, tener una pulpa densa con cavidades y placenta reducidos. Su color ha de ser rojo vivo y tener un porcentaje de residuos y de azúcares elevado, pocas semillas y la piel fina.

Tomates para salsas

Deben ser de color rojo intenso, tener una proporción de azúcares y de ácidos equilibrada, pocas semillas, la piel muy fina para que el porcentaje de pulpa y de zumo sea elevado. Requieren una maduración uniforme.

Tomates para conservar

Los frutos, pequeños y redondos, deben permanecer unidos al pedúnculo, contener poco jugo y tener la piel consistente.

Principales variedades seleccionadas

Variedades para conservas

• *Cannery Row:* variedad para concentrado de tomate, de crecimiento determinado, frutos de forma cúbica, semiprecoz, se caracteriza por su

buena duración una vez madura. De gran rendimiento. Es resistente a la verticiliosis y al fusarium raza 0.

• *Marette:* se utiliza tanto para el consumo en fresco como en conserva. De follaje bastante abundante, parecido al *Marmande*. El fruto es aplastado ligeramente acostillado y muy firme. Buena precocidad y resistencia al transporte.

• *Raf Caludia:* se puede utilizar tanto para el consumo en fresco como la conserva. Variedad parecida al *Marmande* pero más vigorosa. El fruto es aplastado, esférico, ligeramente acostillado cerca del pedúnculo. Firme y resistente al transporte; maduración de los frutos escalonada.

• *Roma:* variedad buena para la producción tardía, se utiliza tanto para el concentrado como para el pelado. Poco sensible a las condiciones de cultivo. Vegetación importante, frutos pequeños en forma de pera, de muy buena coloración y fructificación tardía. Tomates carnosos y poco sensibles a las enfermedades.

Se han seleccionado nuevas variedades como *Brigade*, *Centurión*, *Nemador*, *Rossoconero*, *Castone* y *Mystro* para el concentrado, y *Bandera*, *Azteca Zenith*, *Tigri*, *Maximino* y *Royal Chico* para el tomate pelado. Todas estas variedades aportan más ventajas sobre la resistencia a enfermedades que sobre la calidad del fruto.

Variedades de mesa

• *Cristal:* variedad de producción alta, fruto de tamaño mediano, de forma ligeramente achatada, liso. Cultivo adaptado a invernaderos. Resistente al virus del mosaico del tomate, a la verticiliosis, al fusarium, a los nematodos y al *S. solanii*. Frutos muy firmes y resistentes al transporte.

• *Darío:* híbrido F1 de origen holandés. Color uniforme, sin cuello verde, de crecimiento indeterminado, adaptado al cultivo en túnel de plástico y al aire libre. Es del tipo *Moneymaker*. Fruto muy redondo, liso,

bastante grande. Resistente al mosaico del tabaco, a la verticiliosis, a dos razas de fusarium y a los nematodos.

• *Duranto:* fruto del mismo tipo, de color uniforme, carnoso y redondo, de calibre medio, muy productivo. Variedad destinada al cultivo bajo invernadero y de producción precoz.

• *Matador:* variedad muy precoz, de cultivo tanto para invernadero como al aire libre. Es del tipo *Moneymaker*. El fruto es ligeramente achatado, liso, y sin hombros. La planta es resistente al virus del mosaico del tomate, al *Cladosporium* (raza 5), al fusarium, a la verticiliosis y al *S. solanii*.

• *Merced:* variedad de alta precocidad, con frutos de una calidad extraordinaria; el fruto es ligeramente achatado, con numerosos lóculos y hombros ligeros. Es del tipo americano *Bush Beefsteak*. Es resistente al fusarium, a la verticiliosis y al virus del mosaico del tomate.

• *Marinda:* variedad de producción normal para la época, de fruto mediano, muy acostillado, con hombros. Adaptado a la plantación al aire libre. Es de tipo *Marmande* y del tipo *Muchamiel*, resistente al virus del mosaico del tomate, al agrietado y a la necrosis vascular.

• *Mereto:* Variedad de precocidad media, de fruto de forma ligeramente achatada, sin costillas, con hombros y se adapta tanto al cultivo en invernadero como al aire libre. Pertenece al tipo *Vemone*. Es tolerante al *Cladosporium* y cuaja en condiciones de frío, no suele presentar necrosis vascular.

Factores climáticos

A pesar de que no resulta fácil modificar los factores climáticos, podemos enumerar algunos parámetros que ofrecerán alternativas para seleccionar la mejor época de cultivo, técnicas de cultivo y medios de producción. La tomatera es una planta que necesita una buena iluminación, ya que el número de hojas que crecen bajo la inflorescencia dismi-

nuye con el fotoperiodo (son necesarias nueve horas de sol). Es muy importante conocer la reacción de las tomateras frente a las variaciones de temperatura, sobre todo en el caso del cultivo en invernadero. La tomatera es una planta típica de los climas cálidos.

La temperatura mínima necesaria para la germinación es de 12 °C. Transcurren 15 días entre el momento de la siembra y la aparición de las primeras plántulas. La temperatura óptima varía entre los 20 y los 25 °C: la duración de la germinación se reduce de dos tercios con respecto a la temperatura mínima. Si se mantiene una temperatura constante de 30 °C sólo son necesarios seis días para que las semillas germinen. Sin embargo en este caso numerosas semillas se destruyen por el intenso calor. Cuando empiezan a despuntar, la temperatura ideal para las plantas jóvenes es de 18 °C. El crecimiento es rápido y la producción precoz; sin embargo, los frutos son demasiado pequeños. A una temperatura media de 15 °C, la cosecha es más tardía, pero la cantidad producida es superior y los frutos son mayores. Si la temperatura desciende a 11 °C, el crecimiento se hace difícil. Los tomates no soportan las temperaturas muy bajas, apenas superiores a 0 °C, y en este caso quedan irremediablemente estropeados. La temperatura para la fructificación, sobre todo si se desea una buena coloración de las bayas, debe mantenerse entre los 23-26 °C. Pero no es necesario que se mantenga constante durante las 24 horas, sino que conviene respetar la diferencia entre la noche y el día (temperatura nocturna óptima de 13-18 °C). Durante la polinización, debe variar lo menos posible y mantenerse dentro de los valores óptimos, mientras que durante el crecimiento del fruto y sobre todo durante la maduración, el tomate soporta sin grandes daños mayores diferencias. Se tendrá en cuenta que a 33 °C la tomatera crece a un ritmo más lento y que a 35 °C el crecimiento se para. Este aspecto adquiere especial relevancia cuando se cultivan tomates en invernadero o bajo túnel, ya que es fácil que durante las horas más cálidas se rebasen los límites si no se ventila a tiempo.

CARACTERÍSTICAS EDAFOLÓGICAS

Suelo

La tomatera se adapta a suelos muy diversos. Evidentemente se obtienen los mejores resultados sobre suelos profundos, frescos, bien drenados y no excesivamente compactos. Sobre todo deben contener una gran cantidad de elementos minerales y orgánicos y tener un pH de 6. El crecimiento es menor en un pH de 5,6 o superior a 7,3. Los suelos pesados, en los que se forma fácilmente una costra superficial, por la presencia de elementos coloidales, favorecen la retención de agua, y muestran síntomas de asfixia.

Las plantas sensibles a la humedad sufren enfermedades. Los suelos compactos pueden resquebrajarse superficialmente en cuanto hay un poco de agua; esto tiene como consecuencia una disminución en la producción de las tomateras y una maduración más larga.

Los suelos arenosos y ligeros, que es imprescindible mejorar con aportes importantes de materia orgánica y nitrógeno, permiten por el contrario un crecimiento exuberante pero con pocos nudos y una producción global deficiente. La tomatera se adapta fácilmente a la disponibilidad de agua.

En los terrenos bien regados, pueden alcanzar picos de producción impresionantes: 200 toneladas por hectárea. Normalmente la producción media es de 100-130 toneladas por hectárea. También puede desarrollarse en suelos sin regadío, pero en este caso la producción desciende a 20 o 30 toneladas por hectárea.

Una buena preparación del terreno es indispensable para asegurar el correcto desarrollo del aparato radical y como consecuencia de la planta entera. Hace años, cuando la maquinaria era menos potente, se realizaba la primera parte de la preparación del terreno en otoño, después otra

en invierno y se acababa en primavera con el laboreo superficial. Actualmente, y por la necesidad de la rotación de los cultivos, o más bien gracias a la potencia de los tractores de que se dispone, estas labores se realizan poco tiempo antes de la plantación. El terreno debe ser labrado en profundidad: 50 o 60 cm e incluso más. De este modo, los suelos pesados se aligeran y no retienen el agua, y los suelos ligeros la retienen mejor. Conviene pues, siempre que se tenga la posibilidad, remover los suelos ligeros con bastante anterioridad a la siembra o el repicado. Estas labores se realizan cuando el suelo es blando, es decir cuando se halla ligeramente húmedo: de este modo las labores se ven facilitadas. Si se tiene previsto emplear estiércol, se incorpora en el terreno cuando se labra. Es indispensable añadirlo en los suelos ligeros, ya que los hace menos friables, y a los suelos pesados para que resulten menos compactos. Dicho de otra manera, el estiércol es el elemento primordial para las enmiendas del suelo. Al mismo tiempo se incorpora un fertilizante mineral a base de superfosfato y sulfato potásico.

No deben olvidarse las operaciones más superficiales como el gradeo, que permitirá el fraccionamiento de los terrones y la preparación del suelo para recibir las semillas o las plantas jóvenes. Seguidamente se procede al rulado.

En muchas regiones sin embargo se prefiere pasar a la formación de caballones.

Esta técnica de laboreo permite en efecto mejorar la estructura del suelo al facilitar el calentamiento del terreno antes de proceder al cultivo.

Se asegura de este modo un crecimiento anticipado y regular de las plantas jóvenes.

Fertilización

Para obtener un buen rendimiento, la tomatera requiere un suelo rico en elementos nutritivos. Consume cantidades moderadas de los principales minerales absorbidos por la planta. Las cifras expresadas en la siguiente tabla se refieren a estudios sobre el consumo de las plantas en N (nitrógeno), P_2O_5 (anhídrido fosfórico), K_2O (óxido potásico), calcio y magnesio.

CONSUMO DE MINERALES EN KILOGRAMOS POR TONELADA DE TOMATES					
	N	P_2O_5	K_2O	CaO	MgO
medio	2,67	0,93	5,01	4	0,6
mínimo	2,2	0,5	1,5	3	0,4
máximo	3,8	1,3	8	5,6	0,9

Estas cifras, se entiende que deben multiplicarse por la producción prevista. De esta forma se determina la dosis de sustancias minerales extraídas del suelo. Es evidente que un cultivo que produce 200 toneladas por hectárea absorbe cantidades elevadas de minerales. Sobre estas cifras se calcula la cantidad de fertilizante que es necesario aportar. Sin embargo también es cierto que hay además otros factores que influyen en el aporte de fertilizante y en las dosis a emplear. La riqueza natural del suelo, la humedad y las posibilidades de riego son otros elementos que también contribuyen a calcular las dosis. Además conviene conocer las modalidades de absorción de los elementos minerales por parte de las raíces. Los aportes de estiércol, si es posible, son muy recomendables, excepto en los suelos excesivamente heterogéneos, arenosos o compactos. Es preferible incorporar el estiércol un tiempo antes de comenzar el cultivo. Su utilización es muy provechosa no tan sólo para la mejora de la estructura física sino también para la nutrición del suelo y puede reemplazar sin problemas el fertilizante mineral. Numerosos trabajos de investigación han demostrado que además de la incorporación de grandes cantidades de sales potásicas —muy apreciadas por las tomateras— también es recomendable aportar en el momento de la preparación del suelo de 10 a 15 quintales por hectárea de superfosfato. Es preferible distribuirlo en los surcos donde serán colocadas las semillas o las plantas jóvenes. Cuando el análisis del suelo revela una tasa de potasio igual o inferior al 0,05 % —cantidad realmente insuficiente— es conveniente añadir de 3 a 5 quintales de sulfato potásico. Es preferible evitar el cloruro de potasio ya que disminuye la proporción de calcio y modifica de forma negativa la estructura del suelo, sobre todo en los terrenos pesados.

Es necesario remarcar el papel que tiene el nitrógeno en los tomates. Este elemento estimula la vegetación y resulta fundamental para la nutrición de la planta.

Por lo tanto, en el caso de la tomatera, el nitrógeno es el responsable de un crecimiento de las yemas y de las hojas en detrimento de la floración y de la producción. En otras palabras, el nitrógeno puede resultar nefasto. Es necesario utilizarlo en cantidad abundante pero de forma equilibrada para obtener los mejores beneficios sin los efectos negativos. Es difícil indicar cuáles son las dosis óptimas. Si se utilizan pocos elementos minerales se realiza un ahorro que no tiene sentido, pero si se utilizan demasiados podemos obtener lo contrario en el plano económico y técnico.

Como orientación conviene recordar ciertas fórmulas de fertilización utilizadas en las regiones donde la productividad es máxima:

— estiércol: 50 toneladas por hectárea;
— superfosfato: 1,2 toneladas por hectárea;
— sulfato potásico: 0,4 toneladas por hectárea;
— nitrato amónico: 0,5 toneladas por hectárea.

En el caso de los terrenos ácidos, son recomendables las escorias Thomas antes que el superfosfato. Estas escorias son alcalinas y sirven de enmienda del terreno. En las regiones donde la producción es reducida, por diversas razones, se limitará el empleo de elementos minerales:

— superfosfato: 0,6-0,7 toneladas por hectárea;
— sulfato potásico: 0,2-0,26 toneladas por hectárea;
— sulfato amónico: 0,2-0,3 toneladas por hectárea;
— nitrato amónico: 0,2 toneladas por hectárea en cobertura.

Por este término se entiende la distribución de los elementos minerales durante el cultivo. En los invernaderos, las dosis de fertilizantes deben ser más discretas, sobre todo el nitrógeno, que no debe sobrepasar los 20 kg por cada 1.000 m². El superfosfato y el sulfato de potasio pueden alcanzar respectivamente dosis de 20 y 30 kg. Por lo tanto se modifican las proporciones indicadas con anterioridad con el fin de producir unos frutos más resistentes y de mejor calidad.

Para los terrenos sin riego, se puede reducir la dosis de un tercio. De hecho es posible extremar las dosis de fertilizante en los terrenos que sufren sequedad; sin embargo, se obtendrá el efecto contrario al deseado: se observará una disminución en la producción, como consecuencia de un enriquecimiento excesivo del suelo en elementos minerales. En lo que concierne a los suelos pobres en calcio o muy ácidos, es preferible utilizar fertilizantes ricos en estos elementos. De los fertilizantes nitrogenados se emplea el nitrato cálcico y la cianamida cálcica; entre los superfosfatos, las escorias Thomas. Se excluye el cloruro potásico de los fertilizantes potásicos.

Con la finalidad de racionalizar el empleo de abonos en los cultivos extensivos, se recurre al análisis del suelo para conocer las disponibilidades naturales en elementos fertilizantes. También se puede emplear otra técnica: se analizan ciertas partes de una tomatera para tener indicaciones útiles para las plantaciones de los años siguientes. Es lo que se llama diagnóstico foliar. Consiste en tomar, al principio de la maduración del fruto, la tercera o la cuarta hoja que utilizaremos para realizar el análisis químico. Los elementos minerales principales, o macroelementos, deben presentarse en las siguientes proporciones:

— N (nitrógeno): 3 a 6 %;
— P (fósforo): 0,5 a 0,8 %;
— K (potasio): 2,5 a 4 %;
— Ca (calcio): 4 a 6 %;
— Mg (magnesio): 0,6 a 0,9 %.

Los elementos minerales secundarios, o microelementos, deben alcanzar las siguientes cantidades expresadas en ppm (es decir, partes por millón):

— Zn (cinc): 15-30;
— Mn (manganeso): 60-100;
— B (boro): 40-80;
— Cu (cobre): 4-8.

En los cultivos en invernadero, es muy importante valorar el porcentaje de elementos minerales intercambiables presentes en el suelo, ya

que la productividad viene condicionada por la presencia de las dosis óptimas de sustancias nutritivas. Deben estar disponibles sobre todo durante los periodos fríos. Las dosis óptimas estimadas son: 20 ppm de fósforo, 80 ppm de potasio y algo más de 1 ppm de cinc. Durante la época cálida se dividen por dos las dosis óptimas intercambiables de fósforo y de cinc; en cuanto a la dosis de potasio, se reduce muy poco ya que la dosis óptima se mueve alrededor de los 70 ppm.

Conviene recordar que la absorción de los elementos nutritivos varía en función de la fase de desarrollo. Se estima que durante el periodo del crecimiento vegetativo que sigue al repicado y el trauma causado por este que dura hasta el final de la floración, la planta asimila el 60 % del nitrógeno, el 50 % del fósforo y el 45 % del potasio. Es fácil concluir que los elementos minerales deben estar disponibles y por ello se aportan fertilizantes en el momento de la plantación. El fósforo, que es un elemento poco móvil —es decir, fácilmente fijado por el suelo— debe hallarse cerca de la planta joven. Los abonados de cobertura, efectuados durante el crecimiento, deben ser distribuidos hasta la floración de la tercera o cuarta inflorescencia. Las siguientes distribuciones de fertilizante estimularán el vigor de la planta, retardarán la floración y estimularán una segunda cosecha mecánica.

En algunos casos se recurre a aplicaciones foliares: distribución de elementos minerales disueltos en el agua y pulverizados sobre las hojas. Salvo en el caso de carencias graves, esta técnica resulta muy costosa y permite obtener una maduración ligeramente más temprana. No resulta pues muy práctico adoptar este método a gran escala. Se puede sustituir por un abonado de fondo o un abonado de cobertura, si se incorporan los minerales al suelo.

Rotación

En general, conviene evitar el cultivo de la misma planta en un mismo terreno durante varios años seguidos. Algunos parásitos específicos pueden proliferar y permanecer en estado latente, y las sustancias tóxicas emitidas por las raíces pueden acumularse y resultar perjudiciales para las plantas de la misma especie. Como consecuencia las raíces de la nueva planta no se desarrollan con normalidad y tampoco lo hará la planta,

que no será vigorosa. También puede suceder que el suelo quede empobrecido de los elementos minerales indispensables para la planta. Por ello no conviene plantar tomateras después de haber cultivado berenjenas o pimientos, ya que son de la misma familia, con características nutricionales y una sensibilidad a las enfermedades muy parecidas.

Tampoco conviene plantar los tomates después del tabaco o de las patatas, ya que son particularmente sensibles a algunos parásitos transmisibles a las tomateras. Debe evitarse plantar cerca tomateras, tabaco y patatas, ya que los parásitos podrían transmitirse fácilmente.

Tampoco conviene plantar tomates en un campo que nunca haya sido cultivado a causa de:

— el exceso de materia orgánica;
— la presencia de numerosos insectos parásitos que permanecen en un suelo sin cultivar.

La tomatera se considera como cabecera de un ciclo de rotación de cultivos, ya que en un sistema rígido de ordenación ella abre el ciclo. En efecto, si deseamos obtener unos buenos resultados, deberemos preparar el terreno en profundidad y aportar cantidades considerables de fertilizantes. Antaño, la rotación de cultivos era muy larga: siete u ocho años, ya que los equipos eran menos eficaces a la hora de preparar el terreno, realizar los tratamientos o regar. Actualmente un intervalo de dos años entre dos cultivos parece ser suficiente. Hace falta prever el cultivo que sucederá a la tomatera. Si se prolonga demasiado el periodo de las cosechas en un suelo particularmente pesado, puede quedar poco tiempo para prepararlo para el siguiente cultivo.

TÉCNICAS DE CULTIVO

Las tomateras se pueden cultivar de distintas maneras. Sin embargo sea cual sea el método utilizado, algunas operaciones son indispensables. Para el cultivo en campo abierto, consúltese la tabla de la página 45. Existen considerables diferencias entre los cultivos en invernadero y los cultivos bajo túnel (sobre todo en lo concerniente a los periodos de intervención). Sin embargo el resto de las operaciones se mantiene prácticamente igual.

Siembra al aire libre

Se puede comenzar con la siembra seguida del repicado, o con la siembra directa en pleno campo. El cultivo en invernadero (y de forma general para todos los cultivos bajo protección) de tomates para consumo en fresco prevé únicamente el primer método, en tanto que cuando el tomate es destinado a la industria los dos métodos son válidos. Los dos presentan tanto ventajas como inconvenientes. Se pueden resumir rápidamente las ventajas de la siembra seguida del repicado de la siguiente forma:

— menor consumo de semillas;
— producción precoz;
— crecimiento uniforme;
— posibilidad de seleccionar las plantitas antes del repicado;
— posibilidad de eliminar, por lo menos en parte, los problemas climáticos en el primer periodo de crecimiento;
— posibilidad de obtener una segunda cosecha en el mismo terreno si la preparación del suelo es bastante tardía.

Los inconvenientes aparecen en el repicado: necesidad absoluta de regar después de esta operación, tasa de mortalidad elevada en las plantas jóvenes si el terreno no está bien preparado. La siembra debe poder permitir obtener plantas jóvenes que se mantengan saludables incluso en el caso de un repicado retrasado.

A favor de la siembra directa hay que decir que se evita el traumatismo causado por el repicado; además, las plantas jóvenes tienen un aparato radical más profundo y por lo tanto una menor sensibilidad a la falta de agua, hasta el punto que este es el único método que se puede emplear en el caso de terrenos sin riego.

Cada vez es más frecuente el uso de semillas *pildoradas*, para conseguir que sean más resistentes a las enfermedades, facilitar su distribución y lograr una germinación más uniforme. Las semillas están recubiertas de una mezcla de sustancias que les sirven tanto para alimentarse como para limitar el riesgo de contraer enfermedades. Cada vez se pueden utilizar de forma más precisa y con una mínima pérdida de semillas.

Siembra en semillero

La siembra puede efectuarse de forma completamente distinta según si se quiere realizar un cultivo temprano protegido o si se quieren plantas jóvenes para cultivar tomates con fines industriales.

En el primer caso se procede a la preparación de plantas jóvenes que se trasplantarán con cepellón. Esta operación tiene lugar bajo una atmósfera calentada artificialmente.

En el segundo caso, las plantas jóvenes se trasplantan a raíz desnuda y las semillas se protegen con una cubierta de polietileno sobre una cajonera o chasis. En algunos casos, mientras se cultivan las semillas, tiene lugar un doble trasplante ya que se replantan las plantas jóvenes en las primeras fases del desarrollo. Esta operación es habitual para los tomates de mesa tempranos, pero en el resto es poco habitual. La replantación se practica en las plantas a raíz desnuda, sin embargo es más frecuente hacerlo en las plantas con cepellón.

Es preferible tratar las semillas empleando fungicidas para proteger las plantas de los ataques de organismos criptogámicos presentes en el suelo y que se presentan muy virulentos cuando el clima no es favorable.

Operación	Época	Número de intervenciones y tiempo empleado
labrado	invierno	1 jornada
abonado		1 jornada
estercolado	principios de primavera	varias jornadas
gradeo		1 jornada
trabajos de siembra	febrero-marzo	2 meses
repicado	abril	2 días o 4-5 horas*
escardas o desherbados	mayo-julio	10 días o varias horas*
fertilización de cobertura	mayo-junio	2 intervenciones, varias horas
riego	mayo-agosto	8 intervenciones
tratamientos fitosanitarios	mayo-julio	4 intervenciones
cosecha	agosto-septiembre	10 días o 4-5 intervenciones*

* Trabajo realizado mecánicamente.

Es mejor realizar los tratamientos bastante tiempo antes de la siembra. En principio, la semilla suministrada por las empresas especializadas ya viene desinfectada, sobre todo las semillas suministradas en contenedores de metal, herméticamente cerrados. En el caso de desinfectar uno mismo la semilla, se puede recurrir a una desinfección *húmeda*: se sumerge la semilla en agua a 50 °C durante 25 minutos. Seguidamente se pone a remojo en una solución fría de sulfato de cobre al 1,5 %. Se pulveriza seguidamente con TMTD a razón de 5 g por kilogramo de semillas. Se trata la semilla sobre todo a causa de las criptógamas que atacan las raíces y el cuello de la planta. La lucha contra las criptógamas

Lecho caliente para
semillero de tomateras
tempranas:
1) grava;
2) tierra;
3) estiércol;
4) mantillo

a) germinación
de la semilla;
b) plántula con los
cotiledones;
c) plantita con sus
primeras hojas
verdaderas, a punto
de repicar

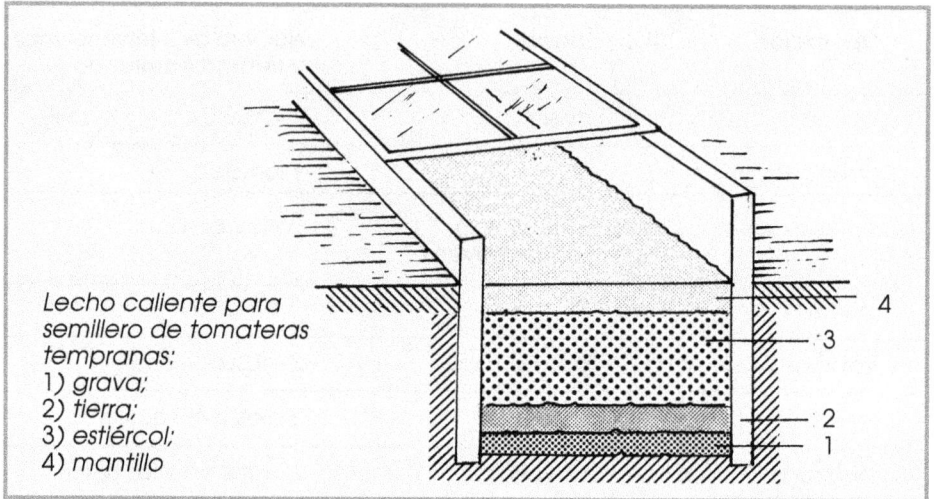

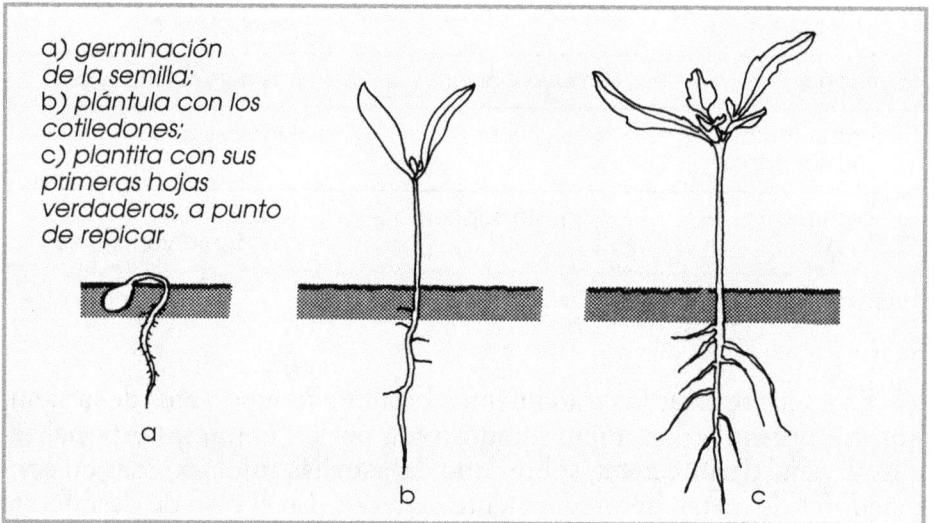

en pleno campo es problemática ya que no se pueden prevenir las enfermedades foliares. Es pues indispensable pulverizar con fungicidas e insecticidas cuando crecen en el vivero para evitar las eventuales enfermedades del sistema foliar. Para obtener plantas vigorosas a partir de

semilla, conviene plantarlas algo separadas. Según la capacidad de germinación se repartirán 2-4 gramos de semillas por metro cuadrado. Las filas deben quedar separadas a unos 10 cm de distancia y las semillas en las filas a 3 cm. Estas distancias son suficientes para producir plantas sanas y robustas. Se entierra la semilla a 1 cm como máximo, se cubre generalmente con un poco de arena o de mantillo y se aprieta ligeramente.

Planta joven en el momento del repicado

Siembra en invernadero

Si se desea obtener cosechas tempranas, la siembra en invernadero es indispensable para evitar que las temperaturas particularmente bajas ralenticen la germinación. Se puede sembrar en cajoneras, en arriates o en mesas calefactadas. Es frecuente recurrir al doble trasplante cuando se siembra en cajoneras calefactadas

Semillero plantado en un módulo de 10 ∞ 10

Planta joven con cepellón de turba

Planta joven a raíz
desnuda lista para el
repicado

Planta joven con
cepellón de tierra

Planta joven en el momento de
sacarla de la maceta de plástico
antes de proceder al repicado

o en invernadero. Se hace esencialmente para reducir, durante un cierto tiempo, la superficie del cultivo y ahorrar en calefacción. Otra ventaja interesante es que las plantas jóvenes tienen una tasa de mortalidad menor cuando se plantan en el lugar definitivo. La siembra se realiza en cajoneras con un substrato muy ligero. Se obtiene este substrato mezclando arena y turba o un substrato sintético poroso con un poco de tierra. Se siembra a voleo, y se cubre la semilla con medio centímetro de tierra o arena. A continuación regamos ligeramente y se cubre la cajonera con una lámina de plástico que se puede retirar al cabo de una semana. Al cabo de pocos días los primeros brotes aparecen. En general se utilizan 15 g de semillas por metro cuadrado.

Desde que aparece la primera hoja verdadera entre los dos cotiledones, se puede proceder al primer repicado. Una vez se ha humedecido la cajonera, se sacan las plantitas con la ayuda de un palito y se repican en el vivero. No se debe esperar demasiado tiempo para que las plantas no sufran un choque que retardaría su crecimiento. Se deja un espacio entre plantas de 8 a 10 cm para que puedan desarrollarse sin hacerse sombra; de lo contrario, los tallos se estiran hacia la luz y las hojas crecen escasas, frágiles y de color verde pálido. La mayor ventaja es sin embargo para el aparato radical. Con el trasplante, la raíz pivotante primaria se rompe y es sustituida por un haz de pequeñas raíces secundarias que se desarrollan horizontalmente a partir de la raíz restante, e incluso debajo del cuello. Deberán cubrirse con tierra una vez plantadas en el lugar definitivo. Esta operación se llama recalce.

Este conjunto de raicillas permite un rápido arraigo de la planta cuando se trasplanta por última vez. El repicado doble es una operación cara y sólo los especialistas pueden realizarla con éxito. Si el trabajo esta bien hecho, se obtienen plantas superiores a las sembradas directamente. En general las plantas repicadas dos veces se plantan en tierra con cepellón; en este caso se plantan en macetas de plástico de 8 o 9 cm de diámetro o en bandejas con alvéolos. Las plantas jóvenes permanecerán en estos contenedores hasta la plantación definitiva. También podemos efectuar esta operación con plantas adultas que comienzan a tener botones florales, ya que la plantación definitiva sin traumatismo para las raíces evita los daños producidos por el trasplante y por lo tanto evita también la parada del crecimiento y el riesgo de mortalidad de los plantones.

Las plantas sembradas en el lugar definitivo desarrollan un aparato radical superficial incluso si las raíces son abundantes. Debe tenerse en cuenta este factor cuando se cultivan los plantones, disponiendo ya los tutores adecuados y regando a menudo para que las plantas no sufran por la sequedad o que se desplomen bajo el peso de los frutos.

Recientemente se ha desarrollado el injerto de las plantas de tomatera sobre variedades resistentes a las enfermedades más temidas del aparato radical *(Verticilium, Fusarium, Pytium)*. Puede resultar de gran utilidad cuando se cultiva en un campo que no ha sido desinfectado previamente.

Cuando se siembran plantas en arriates con un repicado directo, es indispensable efectuar la siembra en hileras; esto se hace para que haya el espacio suficiente entre las plantas que, si el clima no es favorable, deberán quedarse en el semillero más tiempo del previsto. En caso de un periodo prolongado en el invernadero, es preferible disminuir la temperatura, lo que tendrá como consecuencia detener el crecimiento y hacer las plantas menos sensibles al choque térmico en el momento de plantarlas en el lugar definitivo. Para detener el crecimiento, también es posible proceder a pulverizaciones con dosis altas de productos anticriptogámicos.

Siembra en cajoneras con calefacción

Al realizar cultivos tempranos para tomates de mesa y con el objetivo de garantizar las mejores condiciones térmicas necesarias para el desarrollo de las semillas y de las plantas jóvenes, conviene recurrir a diferentes trucos de manera que podamos recrear un clima ideal para el crecimiento. La solución más sencilla para el cultivo de un huerto o de una pequeña superficie consiste en utilizar cajoneras con calefacción. La fuente de calor en el espacio reducido de la cajonera puede proceder de materia orgánica en descomposición o bien se puede obtener a partir de la energía eléctrica o del agua caliente. Cada uno de estos métodos exige una estructura apropiada.

Para construir una cajonera conviene fijar en el suelo las paredes de madera o bien construir dos pequeños muros enterrados a una distancia de 100 a 120 cm. Las dimensiones del muro quedarán establecidas en

relación con la cantidad de plantas que hay que trasplantar. Se obtienen 1.000 m^2 de plantación definitiva a partir de 10-12 m^2 de semillero. Las paredes más largas de la cajonera se orientarán en dirección este-oeste. La pared sur deberá ser unos 10-15 cm más baja que la pared norte para dejar pasar los rayos de sol.

Se forran con un chasis de madera o de metal y se cubren con una placa de plástico rígido o cristal transparentes. Para una mejor protección durante la noche se cubre con estores de paja que se sacarán cuando amanezca al día siguiente, para evitar que las plantas sufran por la falta de luz. Las paredes no deben ser demasiado altas, sólo lo justo para contener las plantas sin que toquen al chasis, de manera que las plantas que se obtengan sean lo más robustas

1) *Plantas de tomatera robustas cultivadas en lecho caliente con cajonera baja a modo de protección*
2) *Plantas de tomatera más frágiles cultivadas en lecho caliente en las que el chasis de protección es demasiado alto*

posible. En general, la pared norte alcanza los 50 cm, y la pared sur aproximadamente 35 o 40 cm.

Cuando la fuente de calor utilizada es el estiércol, se procederá de la forma siguiente: se cava un hoyo entre las paredes de unos 70 cm de profundidad, se dispone una capa de grava, 10 cm de tierra y finalmente el estiércol. Lo mejor es emplear estiércol fresco de caballo, aunque también se puede utilizar una mezcla de estiércol de caballo y de vaca o mezclar este con restos orgánicos.

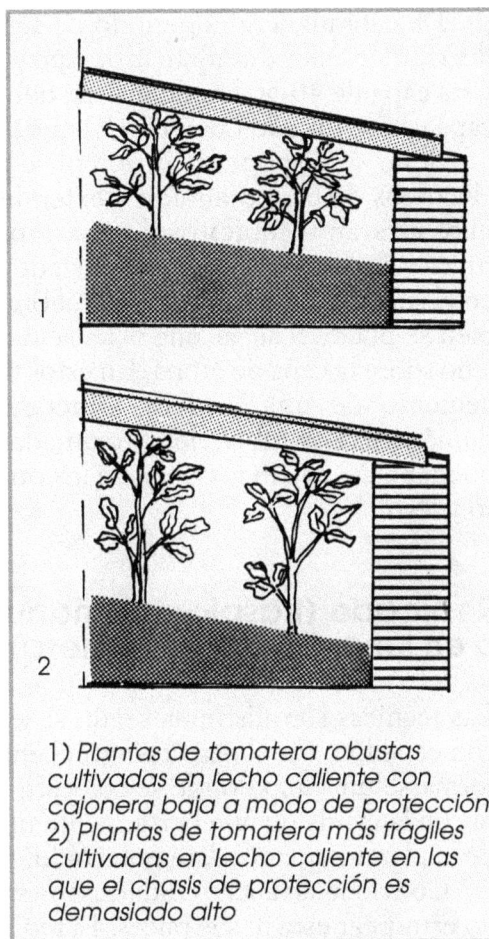

De esta manera el periodo de fermentación es más largo, y la producción de calor durará más tiempo si alcanza temperaturas moderadas. Esta capa de 40-50 cm de grosor, debe quedar bien apretada. La última capa estará formada por 10-15 cm de tierra ligera y fértil.

Si no se dispone de estiércol se puede utilizar una malla de hilos eléctricos de plomo aislado y extenderlo sobre una capa de arena. Los hilos estarán recubiertos de una capa de 10-15 cm de garapiñado. El funcionamiento estará automatizado gracias a un termostato colocado en el suelo. Este termostato se calibrará a la temperatura deseada. También se puede realizar una instalación de tubos de PVC o de polipropileno sobre la capa de arena. En estos tubos circulará el agua caliente proveniente de una caldera, exactamente como en una instalación doméstica. Los tubos de aproximadamente 2,5 cm de diámetro deben quedar a 20-25 cm los unos de los otros y cubiertos por el mantillo ligero y fértil.

Repicado (trasplante) manual en invernadero o en túnel (tomates de mesa)

Las técnicas son distintas según si se utilizan plantas a raíz desnuda o con cepellón. En el caso más frecuente de repicado con cepellón, debe formarse un surco donde se colocará la planta. Generalmente se prepara con la ayuda de una herramienta un hoyo donde se coloca el cepellón de la planta, que quedará enterrado.

Conviene arrancar cuidadosamente las plantas a raíz desnuda para no estropear esta ni sus raíces. El repicado a raíz desnuda provoca siempre una marchitez temporal. Esto se debe a que las hojas siguen evaporando agua y en cambio las raíces, que todavía no han restablecido el sistema de absorción, son incapaces de suministrar el agua necesaria. Aunque se tomen todas las precauciones este fenómeno es siempre considerable. Es necesario *empapar* el semillero dos días antes del arrancado y extraer cuidadosamente la planta con una herramienta, para evitar que se rompan un gran número de raíces. Las plantitas se extienden horizontalmente sobre una bandeja y se cubren con arpillera. Se trasladan rápidamente a los arriates donde se plantan. Si el lugar del repicado se halla alejado, se forman manojos de entre 25-30 plantas. Se cubren las

raíces con un puñado de turba y se envuelve todo con una hoja de papel o de polietileno.

En general se calcula, para tomates de mesa, un marco de plantación de 2,5 a 5 plantas por metro cuadrado, lo que supone unas 30.000 a 55.000 por hectárea. Las plantas requieren suficiente espacio. Se necesitan 80 ∞ 40 cm para las variedades de crecimiento indeterminado y de follaje abundante. Para las plantas indeterminadas de menor vigor bastará con 70 ∞ 40 cm. Las plantas de crecimiento determinado necesitan unos 70 ∞ 30 cm. Desde esta óptica, hace falta un semillero de 100 a 120 m^2 para obtener el número adecuado de ejemplares para realizar la plantación.

El terreno que recibe las plantas debe labrarse y formar surcos. Las plantas se tienden sobre uno de los lados con las raíces hacia abajo. Se prepara un surco bastante profundo en los suelos medianamente compactos a fin de que a partir del primer recalce el terreno quede aplanado. En el caso de los suelos ligeros, el surco puede ser poco profundo de manera que, una vez recalzado, se forma un surco a cada lado de la planta, entre las líneas de tomateras, para que se pueda distribuir el agua de riego.

Semillero para plantas a raíz desnuda (cultivo al aire libre)

Generalmente se siembra en cajonera o bajo túnel. En cajonera las plantas quedan protegidas por el chasis de madera y cubiertas por láminas de plástico, los túneles están formados por arcos de hierro sobre los que se tensa una lámina de polietileno o PVC.

Las cajoneras miden un metro de ancho y una decena de metros de largo, y se colocan bastante espaciadas unas de otras para poder instalar los chasis. Los caminos que se forman en medio quedan, en general, más bajos que las cajoneras, y la tierra que se saca de los caminos se dispone de manera que las cajoneras queden inclinadas hacia el sur para permitir su calentamiento.

Los túneles miden unos 3 m de ancho, como mínimo, y 50 m de largo; los arcos tienen la suficiente altura para permitir que los operarios accedan fácilmente al plantel. El semillero debe estar próximo al campo de cultivo, siempre que el repicado sea manual; sin embargo, si se hace

mecánicamente, el semillero puede estar alejado del lugar de la plantación. En todo caso, el suelo tiene que ser el apropiado, bien regado, fácil de mantener. También conviene esterilizarlo para eliminar las malas hierbas, disminuir los riesgos de plagas y enfermedades —sobre todo de criptogámicas— y para no tener que recurrir a los herbicidas. Si la desinfección es demasiado costosa, conviene por lo menos distribuir los productos específicos para eliminar los insectos.

Debe prepararse el suelo con una atención especial: si es demasiado compacto, se mullirá con turba o arena. El suelo ideal debería estar compuesto por turba, arena y tierra en proporciones iguales. Durante la preparación de fondo, se esparcen abonos orgánicos y minerales para fertilizar el semillero y facilitar el crecimiento de las plantas jóvenes. La superficie debe estar aireada, nivelada y justo antes de la siembra ligeramente apisonada. A partir de una área de siembra preparada en estas condiciones, se obtienen entre 2.000 y 3.000 plántulas destinadas al repicado a raíz desnuda.

La proporción entre la superficie del semillero y la del campo es de 1/100 o 1/250: hacen falta de 50 a 100 m^2 de semillero por hectárea de cultivo, es decir, de 4 a 5 g de semillas por metro cuadrado. De todas formas es preferible que el número de plantas jóvenes no exceda las 200 o 300 por metro cuadrado. Si hay unas 400 por metro cuadrado, las plántulas son más frágiles, sus hojas menos carnosas, y son más sensibles al repicado.

La época para el repicado se establece en función del clima. Generalmente, en el Ebro y en Extremadura, se realiza a partir de mediados de mayo; en el sureste y en Canarias se puede comenzar mucho más temprano. En general cinco o seis semanas son suficientes a partir del momento en que los brotes aparecen en la superficie del suelo hasta que alcanzan el tamaño adecuado para el repicado.

La edad de la planta es muy importante para tener éxito en el cultivo futuro. Las plantas ideales serán jóvenes, vigorosas, robustas, con un diámetro de por lo menos 5 mm y con una altura media de 15 o 20 cm. Estas se hallan en mejores condiciones de restablecer las raíces que otras plantas mayores y en las que las raíces sufrirían más en el momento del arrancado. Las más grandes pueden comenzar a dar frutos maduros antes que las demás; sin embargo, estos serán más pequeños. El rendimiento global será pues inferior.

a) preparación del hoyo; b) colocación de la planta;
c) primer riego después del repicado manual

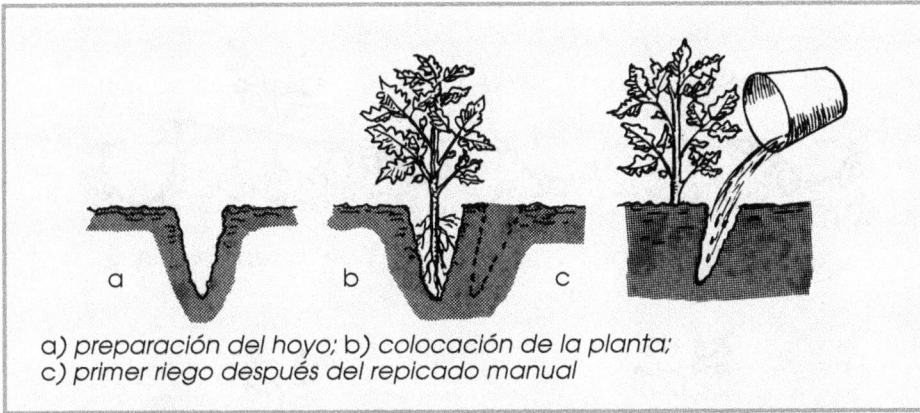

Repicado (trasplante) mecánico

La difusión de variedades muy apreciadas, cuya semilla es francamente cara, ha generalizado el repicado. Esta operación es en conjunto menos costosa que la siembra directa en campo abierto. La mayor cantidad de semilla, el elevado coste de los aclareos y del desherbado —son operaciones lentas que requieren una numerosa mano de obra— favorecen el repicado. El trasplante de 20.000 o 40.000 plantas jóvenes es menos costoso, incluso si consideramos el precio de compra de las tomateras, de las máquinas de repicar y el salario de los operarios.

La preparación de las plantas para el trasplante mecánico puede ser realizado por una empresa; sin embargo, la tendencia actual apunta hacia las compañías especializadas que envían, incluso a grandes distancias, las plantas apropiadas para este tipo de trabajo.

Se arrancan las plantas jóvenes del semillero después de haber parado el riego durante varios días, aunque nos aseguraremos de que el suelo se halle ligeramente húmedo en el momento de la ejecución, lo que puede facilitar el arrancado rompiendo el mínimo de raicillas posibles. Las plantas una vez arrancadas se seleccionan. Se rechazan los ejemplares débiles. Las otras se agrupan en manojos formados por 50 plantas de altura y diámetro idénticos. Cada manojo se ata con rafia o con una goma elástica. Las raíces y la base del tallo se envuelven con papel poroso y grueso que se mantiene húmedo gracias a un

Posición normal

Demasiado profundo

Demasiado profundo

Posición incorrecta

Posición incorrecta

Repicado y posterior compresión de la tierra alrededor de las tomateras cultivadas en el campo

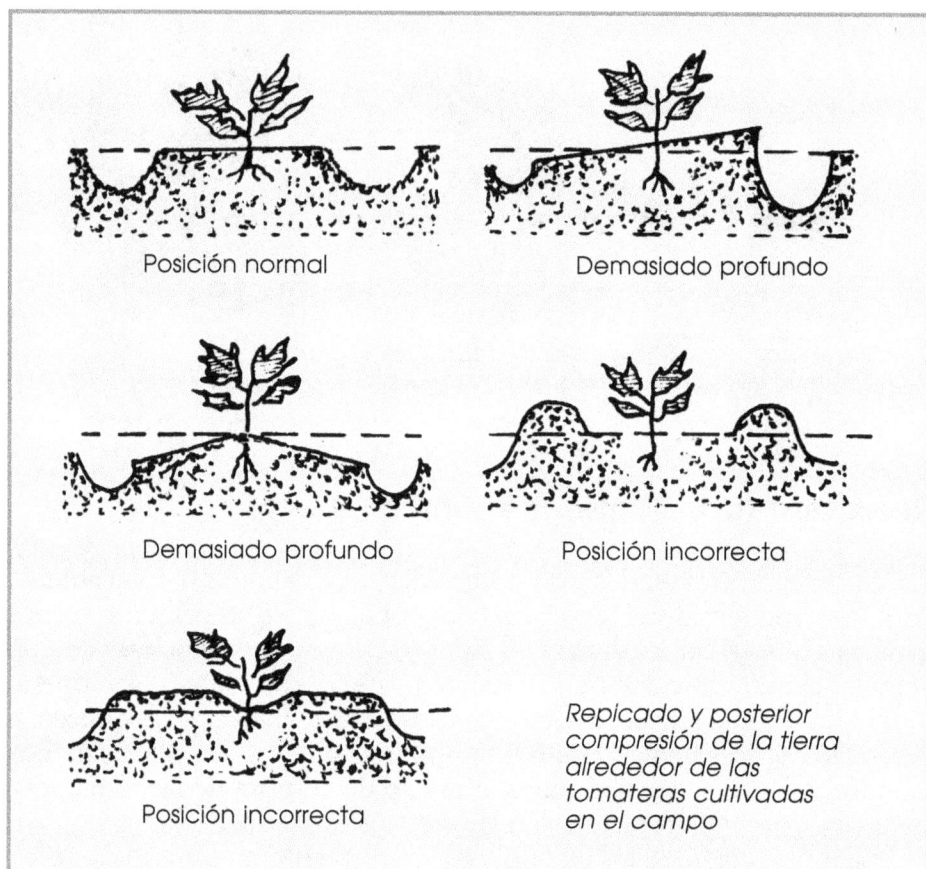

puñado de turba. Los manojos son colocados inmediatamente en cajas de fruta provistas de una hojas de polietileno perforadas para que puedan ser transportadas sin problemas. El traslado en estas condiciones es muy práctico, ya que permite un ahorro de material, de espacio y de peso considerables en relación con el modo de transporte donde las plantas van envueltas en turba o bien son trasladadas con el cepellón. Si transcurren más de diez días entre el arrancado y el repicado, conviene sumergir durante unos minutos las raíces en una solución de fosfato biamónico al 1 %, antes de su colocación en el lugar definitivo.

Existen numerosos modelos de máquinas de repicar, capaces de repicar simultáneamente una o más filas de tomateras. Garantizan una operación más rápida, más cuidadosa y más uniforme que, además, resulta más económica. Es preferible elegir máquinas que distribuyan, inmediatamente después de haber colocado la planta en la tierra, la dosis adecuada de solución nutritiva. Esta solución humedece y cohesiona la tierra alrededor de las raicillas y les proporciona los elementos nutritivos, asimilables inmediatamente ya que se hallan cerca de las raíces. Se ha podido constatar que distribuyendo estos elementos nutritivos, el crecimiento de las plantas se acelera, por lo menos al principio. Además, el porcentaje de plantas arraigadas es más elevado que cuando se utiliza únicamente agua. Estas soluciones deben contener un fertilizante complejo como el fosfato biamónico de modo que el fósforo, que no es un elemento con mucha movilidad, se halle cerca de las raíces. También se observan diferencias en el crecimiento cuando se utiliza superfosfato en superficie.

De modo general, el porcentaje de plantas enraizadas depende de numerosos factores: plantas óptimas, condiciones climáticas favorables, estructura de suelo adecuada. Todo esto favorece el rápido arraigo y que el choque se supere rápidamente. Las dos o tres primeras semanas después del trasplante son las más críticas. Hay una media de entre 5-7 % de fallos. El repicado mecánico es muy rápido: en cuatro o cinco horas se puede repicar una hectárea.

Los empleados contratados para este trabajo no deben ser necesariamente especialistas, ya que se limitan a sacar las plantas de las cajas y ponerlas en las pinzas que pasan lentamente delante suyo. La máquina misma cava el surco, apisona la tierra y esparce la solución nutritiva.

Si el porcentaje de plantas enraizadas es demasiado bajo, podemos, después de unos quince días, reemplazar de forma manual las plantas muertas, a partir de plantas guardadas para el caso, reunidas en manojos y enterradas, en un lugar protegido.

Es muy importante preparar de forma adecuada el suelo para llevar a cabo el repicado y al mismo tiempo procurar que las plantas queden todas enterradas a la misma profundidad.

A menudo las plantas suelen quedar demasiado enterradas o bien demasiado poco, o la tierra a su alrededor queda mal apisonada, lo que origina surcos que hacen más difícil el riego y la cosecha, sobre todo si son mecánicos.

Siembra en pleno campo

Tradicionalmente es el método de siembra empleado para el cultivo de los tomates destinados a la industria. Según la región y el clima, se siembran entre mediados de marzo y finales de abril en la zona sur, evitando de este modo el frío intenso. A menudo se siembra de forma escalonada para repartir la maduración de los frutos y cosecharlos mecánicamente en épocas distintas. Se utilizan también variedades de ciclo biológico diferente.

Sin embargo conviene recordar que con frecuencia, cuando se realiza la siembra temprano y las temperaturas son todavía bajas, se observa un paro en el crecimiento vegetativo y durante bastante tiempo cesa el desarrollo.

En ciertas condiciones las plantas jóvenes enrojecen y la producción se da más tarde que en las tomateras plantadas posteriormente pero con mejor tiempo.

Aquí también es necesario que el suelo esté bien preparado, labrándolo en profundidad y aplicando el fertilizante. Se puede sembrar sobre un suelo llano. También se puede formar un pequeño surco, cada metro, que se utilizará para facilitar el riego. Con este fin se utiliza una máquina de sembrar muy precisa que va repartiendo el fertilizante cerca de la alineación. Las filas deben ser paralelas para poder realizar rápidamente las tareas de escardar, desherbar y recalce realizadas mecánicamente.

La cantidad de semillas puede variar considerablemente según el tipo de suelo: para una capacidad de germinación equivalente se siembran desde 1,5 kg por hectárea, en un terreno que sea ligero o medianamente pesado, hasta 4 kg por hectárea, en un terreno pesado en el que se forma fácilmente una costra superficial. En este caso es preferible sembrar en filas seguidas, utilizando una máquina que siembra a la vez varias semillas (alrededor de quince por hoyo) de forma que las plantas jóvenes, al crecer simultáneamente, puedan emerger del suelo endurecido rompiéndolo.

Se plantan a unos 3 cm de profundidad. Se pueden mantener entre líneas aproximadamente una distancia de un metro (líneas simples). Seguidamente se pasa el rodillo para que las semillas se adhieran bien al suelo.

Aclareo

Esta operación que sigue a la siembra es complementaria e indispensable. Generalmente se procede en dos o tres etapas. Cuando las plantas miden 7 u 8 cm, se eliminan con la ayuda de una piqueta o de un instrumento mecánico todas las plantas de la misma fila que han crecido en un mal lugar. Entonces, en el campo se dejan, a una distancia de 30 o 40 cm, grupos de cuatro o cinco plantas. El aclareo permite remover la tierra, también romper la costra y eliminar las malas hierbas. Se aconseja, justo antes de esta operación, suministrar un abono nitrogenado que se mezclará con la tierra.

Unos ocho o diez días más tarde, cuando las plantas miden 12 o 14 cm de altura, se efectúa un segundo aclareo. Esta vez tan sólo se dejan dos plantas por hoyo. Este aclareo se hace a mano para evitar dañar las plantas que se dejan. Se conservan las más robustas, aunque conviene suprimir las excepcionalmente vigorosas, igual que las más frágiles, para conseguir un cultivo lo más uniforme posible.

Se puede proceder a un tercer aclareo cuando las plantas alcanzan 20 cm. Entonces se deja únicamente una planta, la más hermosa.

Si una fila queda demasiado clara, se puede repicar una planta joven y sana para conseguir un cultivo homogéneo.

LABORES DE CULTIVO

La tomatera es una planta que generalmente requiere muchos cuidados durante su crecimiento, tanto si se deja libre como si se emparra.

Escarda y recalzado

La escarda es la operación que consiste en airear el terreno en superficie para aligerarlo y disminuir de este modo las pérdidas de agua por evaporación. Al mismo tiempo se eliminan las malas hierbas. Conviene hacerlo bastante pronto, mientras el desarrollo de las plantas lo permite. Cuando se trabaja de forma manual se debe hacer la primera escarda cuando las plantitas miden tan sólo algunos cm de alto; la segunda se realizará al mismo tiempo que el aclareo, cuando midan entre 6 u 8 cm.

Cuando midan unos 30 o 40 cm de alto, se practicará el recalzado cubriendo con tierra la base de las plantas. En general, se hace cavando una zanja entre las líneas con la ayuda de una máquina. No conviene que la zanja sea demasiado profunda ni acumular demasiada tierra en la base de las plantas: esto podría resultarles nefasto. Cuando este trabajo está bien hecho, permite reforzar las plantas ya que desarrollan raíces nuevas. Los surcos formados sirven para el riego convencional de superficie.

Fertilizantes de cobertura

Para estimular la vegetación se utilizan, durante el crecimiento, fertilizantes minerales. Se emplea generalmente el nitrato amónico o bien un fertilizante binario fósforo-amoniacal, ya que conviene evitar el exceso de nitrógeno responsable de una vegetación exuberante, en detrimento de la productividad. Conviene tener en cuenta el grado de humedad de la planta con el fin de evitar quemaduras al incorporar el fertilizante. Se puede realizar esta operación dos o más veces. La cantidad de fertilizante se calcula en función del grado de fertilidad del suelo, de las características de las plantas y de su desarrollo, de la coloración de las hojas, y del número de flores. Generalmente no se distribuyen más de 100 o 150 kg por hectárea de una vez.

Riego

Se considera que una planta de tomate necesita, para ser realmente productiva, entre 100 y 150 l de agua durante el ciclo vegetativo. Si la cantidad de agua disponible en forma de lluvia es de menos de 500 mm, conviene recurrir al riego.

Se calcula que la cantidad de agua necesaria para regar una explotación en invernadero o en pleno campo alcanza 4.500 o 6.000 m³ por hectárea, es decir unos 600 m³ para un riego por gravedad y solamente 300 m³ cuando se recurre a la aspersión (riego en forma de lluvia). Evidentemente, durante la primera fase de crecimiento las plantas tienen una menor necesidad y se deberán regar menos. Podemos concluir pues que el número total de riegos es de siete a nueve, realizados cada 10-12 días para las variedades más exigentes, mientras que el número de riegos puede disminuir y pueden aumentar los intervalos en el caso de las variedades más adaptadas. En los invernaderos la frecuencia tiene que establecerse en función de la temperatura y del estado de desarrollo de las plantas. No debe olvidarse que a menudo, a causa de un desequilibrio hídrico mal tolerado, ligado a los movimientos del calcio en los tejidos, los frutos sufren un ennegrecimiento en la zona distal. Es preferible regar poco, a intervalos regulares.

Un exceso de agua puede causar no solamente efectos fisiológicos negativos, sino también favorecer la aparición de enfermedades causadas por hongos, muy difíciles de combatir. Además si el riego aumenta la producción, también lo hace el contenido en agua del fruto, y como consecuencia son menos rentables para la industria. Los tomates para el consumo en fresco tienen una consistencia menor y su manipulación es más difícil.

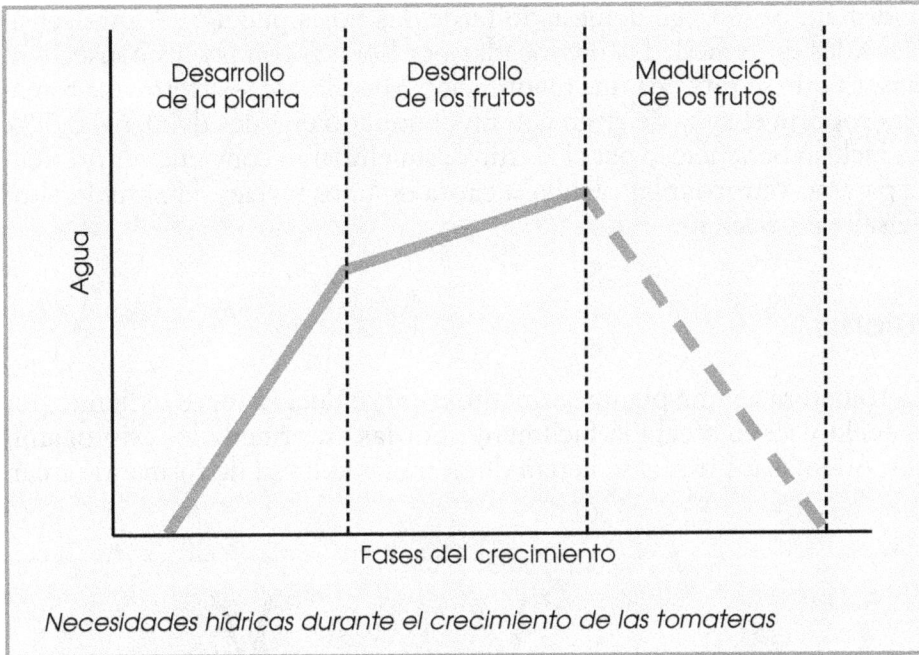

Necesidades hídricas durante el crecimiento de las tomateras

Las dosis indicadas y la frecuencia de riego son aproximadas. Todo depende de la naturaleza del suelo y del clima. Cuando se riega por gravedad el agua se vierte en los surcos entre las líneas y penetra hasta las raíces. Sin embargo es difícil de dosificar, ya que la cantidad de agua depende de la inclinación del terreno y de la permeabilidad, distinta según el suelo sea pesado o ligero. El riego por aspersión actualmente se halla generalizado. Permite una dosificación precisa, un reparto regular y evita la retención de agua y su despilfarro.

Hasta la fase de crecimiento de los frutos, las tomateras necesitan gran cantidad de agua; sin embargo, conviene reducirla o incluso dejar de regar en el momento del engrosamiento y maduración del fruto (momento en que los frutos empiezan a tornarse rojos) en los cultivos en el campo. De este modo se evitan también las podredumbres de los tomates próximos a la madurez.

Cuando se acerca la cosecha, conviene regar con mucha prudencia para evitar que los frutos se agrieten. Quedarían inservibles ya que se

pudrirían. Si se riega demasiado tarde, las hojas pueden ser más sensibles a las enfermedades provocadas por hongos con graves consecuencias, ya que se provoca una maduración irregular de los frutos. La tomatera soporta el agua de riego con un contenido en sales del 0,3 al 0,5 %. Es incluso beneficioso para los frutos, sin embargo conviene ser prudente para no estropear las plantas a causa de unos niveles demasiado altos de sales en el suelo.

Tutores

La tomatera es una planta sarmentosa. Si se deja libre, se extiende por el suelo y se ve afectada fácilmente por las enfermedades criptogámicas. Además los frutos se llenan de tierra y maduran de forma irregular.

Plantas con tutores fijados a un alambre

Conviene pues recurrir a los tutores. Sería recomendable ponerlos también en los cultivos industriales, sin embargo el coste de la operación sería demasiado ele- vado.

Para tutorar una planta, se pueden utilizar cañas comunes *(Arundo donax)* o varas de morera, de castaño o de olmo. Se colocan además, sobre cada fila, a 50 cm y a 1 m del suelo, dos alambres galvanizados (del número 10) a los que se fijan los tutores para mantenerlos verticales. También se puede instalar un alambre a 1,50 m entre dos filas de tomateras. Entonces los tutores se colocan inclinados y se atan por el extremo

Tomateras con tutores unidos por un extremo, en forma de pequeña cabaña

al alambre. Si no se quiere instalar una estructura de alambre, se colocan tutores de cuatro en cuatro que se atan, juntos, en su extremo superior. De este modo se forma como una pequeña choza. En este caso la producción es inferior, ya que las plantas se hacen sombra.

Las plantas se van atando a los tutores a su debido tiempo para evitar que los tallos se curven en la base. La presencia de esta curva dificulta la circulación de la savia, demora el crecimiento y disminuye la producción. Incluso la fecundación de las flores de la primera inflorescencia puede verse comprometida si se hallan en el suelo. Conviene atar las plantas al tutor con cuidado y no ceñir demasiado la ligadura. Esto provocaría un estrangulamiento del tallo principal que dificultaría el crecimiento. Conviene atar el cordel o la rafia alrededor del tutor y después rodear el tallo de la tomatera con una lazada ancha justo por debajo de una hoja; de este modo, la planta se mantiene erecta. Esta operación

63

Tomateras tutoradas: a la izquierda, plantas tutoradas correctamente; a la derecha, planta tutorada demasiado tarde

debe repetirse dos o tres veces. Una forma particular de tutorado consiste en instalar una estructura a base de postes de dos metros de alto a lo largo de las filas, cada tres o cuatro metros. Se empieza por tender unas filas de alambre galvanizado (del número 10). El primer alambre se coloca a 40 cm de suelo, el segundo a 80-90 cm. Seguidamente se atan las plantas al alambre cuando alcanzan su altura. En este caso tampoco se esperará mucho tiempo, para evitar la curvatura de la base.

En los invernaderos se utiliza otro sistema. A unos dos metros del suelo, se tensa un alambre resistente. A este se atan cuerdecitas que colgarán cerca de cada planta. Se fija cada planta a la cuerda. Cuando mide 30 cm, se hace pasar la base de la cuerda bajo la tercera hoja, después bajo la segunda: la cuerda queda tensada. De esta forma se va pasando de una hoja a otra según va creciendo la planta. Conforme se va desarrollando, parece que va trepando por la cuerda.

Pinzado

En realidad se trata de una poda. La tomatera tiene la característica de emitir un brote en la axila de cada hoja. Este brote formará a su vez un tallo en el que aparecerán nuevos brotes. La planta se ensancha. Si la dejáramos crecer de esta forma se formaría un exceso de flores y de frutos jóvenes con verdaderas dificultades para crecer. Conviene pues reducir la vegetación y concentrar los frutos sobre algunas ramas. Se desarrollarán mejor y alcanzarán la talla conveniente para ser comercializados. La operación que consiste en eliminar en parte o en su totalidad los brotes se llama pinzado.

Conviene practicarla a menudo en las plantas frágiles, y con menor frecuencia en las plantas más vigorosas. El pinzado es una operación prolongada ya que debe repetirse con frecuencia, puesto que los brotes eliminados no deben sobrepasar los 6-7 cm, si no la herida ocasionada es demasiado grande y tarda en cicatrizar. Podemos pinzar sistemáticamente. En este caso las plantas sólo tienen un eje principal. Se reserva este tipo de pinzado a los tomates de mesa, ya que favorece la precocidad y la formación de grandes frutos. En los otros casos se conservan los primeros brotes y las plantas desarrollan dos, tres o cuatro ramas.

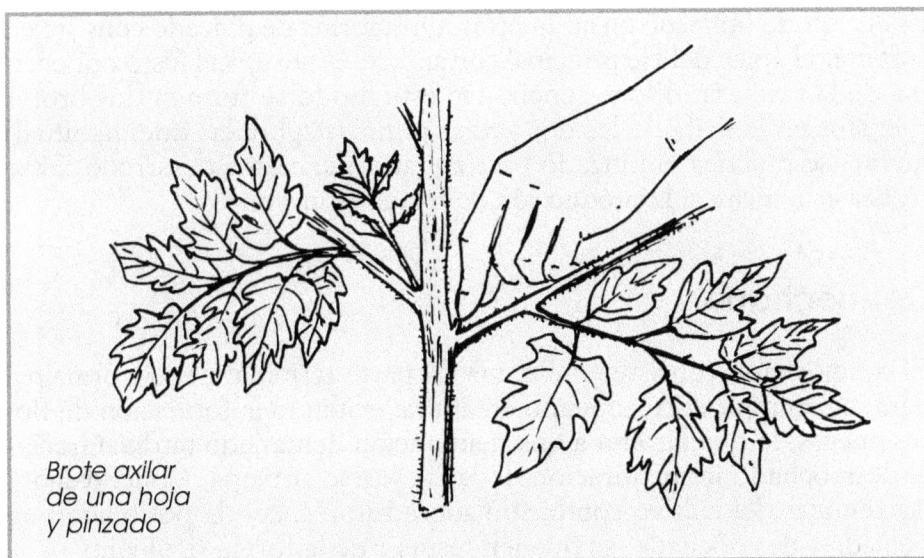

Brote axilar
de una hoja
y pinzado

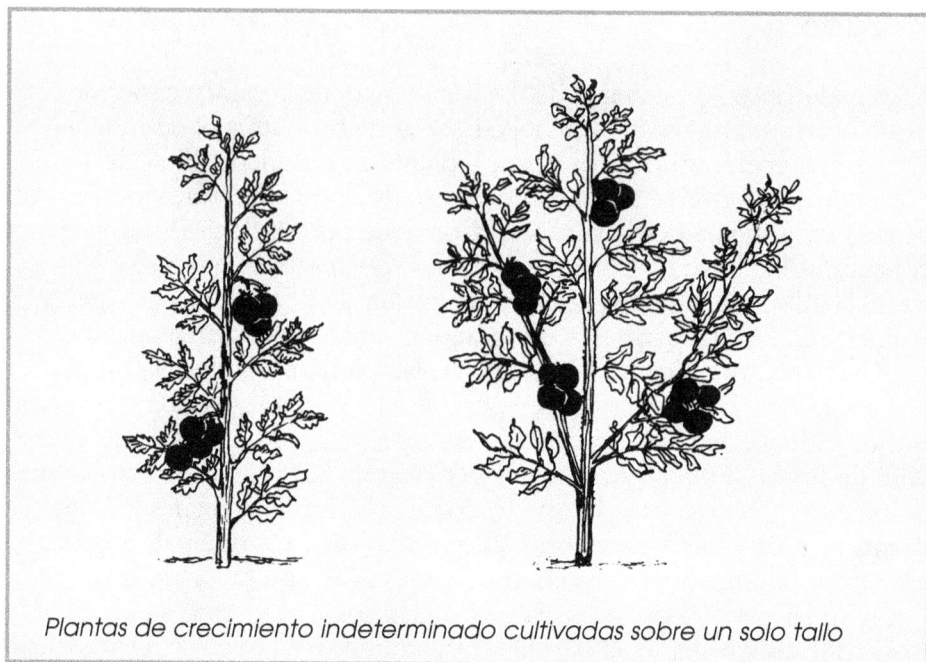

Plantas de crecimiento indeterminado cultivadas sobre un solo tallo

Es el método utilizado en las huertas. Otra forma de pinzado consiste en suprimir el ápice del eje principal cortando el brote apical justo por encima de la primera inflorescencia. De este modo se forman dos brotes robustos en la axila de las dos primeras hojas sobre las que, habitualmente, se practica el pinzado para evitar un excesivo desarrollo. Si se realiza esta técnica, la producción de frutos es mayor.

Desmochado

El desmochado consiste en eliminar la parte terminal del eje principal para interrumpir el crecimiento en altura, evitando la formación de flores nuevas, lo que llevaría a una maduración demasiado tardía. Gracias al desmochado la maduración de las bayas se anticipa. Concluyendo, las ventajas del cultivo conducido sobre tutores, con la posibilidad de pinzado y desmochado, se pueden resumir de la forma siguiente:

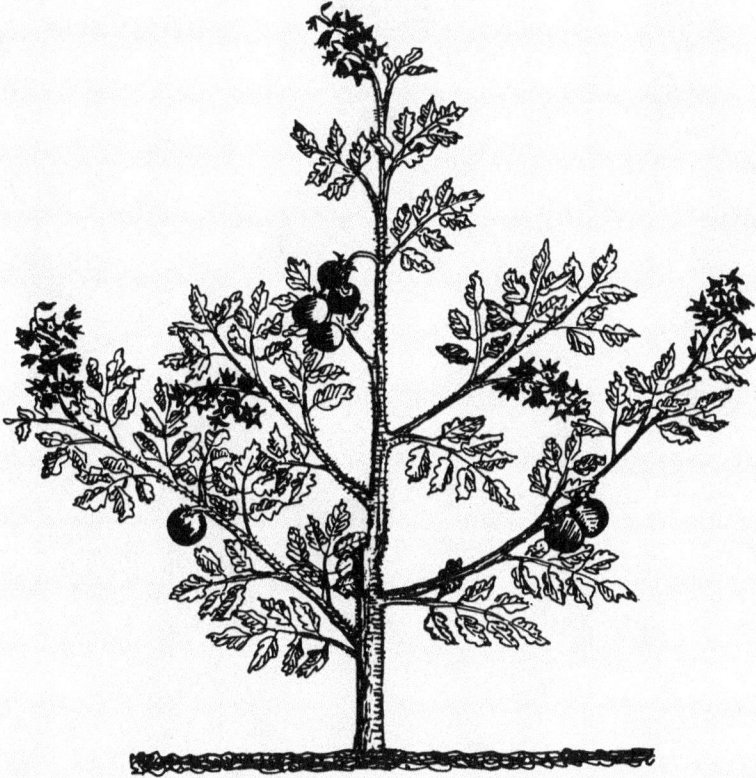

Planta de crecimiento indeterminado después del desmochado dejando dos hojas

— precocidad en la cosecha;
— calidad superior de la producción;
— frutos maduros uniformes;
— fácil cosechado;
— producción más abundante, mejor calidad, menos enfermedades (debido a la facilidad de aplicación de los tratamientos).

Todo ello proporciona una mejora en la calidad, aspecto fundamental cuando se trata de tomates destinados a las fruterías.

67

CULTIVO
EN INVERNADERO
O EN EL CAMPO

Cultivo de tomateras en invernadero o túnel con tutores

El objeto del cultivo en invernadero o bajo túnel es obtener la mayor precocidad en los cultivos. Para conseguirlo, se cultivan siempre las plantas sobre un tallo único que se mantiene vertical mediante un tutor de forma más funcional sujetándolo a una cuerdecilla atada a un alambre que se halla a la altura de una persona. Es el mejor sistema, ya que los tutores que se fijan al suelo pueden constituir un foco donde se desarrollan los parásitos. Una vez que las tomateras han producido la tercera, la cuarta o la quinta inflorescencia, se procede al desmoche: se suprime el ápice vegetativo con el fin de detener el crecimiento. Esta operación acelera la maduración. En cuanto a elegir el momento de realizarlo, o el número de inflorescencias que deben permanecer en la planta, depende del marco de plantación, de la necesidad de acelerar o no la recolección y del estado del mercado que puede recomendar que el cultivo se prolongue. El vigor de las plantas es evidentemente un elemento guía: se desmochan generalmente las plantas débiles con tres racimos de flores y las más vigorosas con cuatro o cinco.

En invernadero, normalmente se plantan cuatro plantas por metro cuadrado. Los que prefieren la precocidad en detrimento de la producción total, pueden llegar hasta cinco plantas por metro cuadrado si se mantiene un espacio entre hileras de 1 m, y 20-25 cm entre plantas de una misma fila. En los invernaderos también se puede optar por una plantación más densa, con 16-20 plantas por metro cuadrado, para obtener una producción de tomates formados en la base, con la intención de utilizar este adelanto en la producción y aprovechar el periodo más favorable del mercado. Este ciclo productivo que va desde

el repicado hasta la recolección no debe exceder de los 100 días, y puede durar únicamente 65-70 días. En los invernaderos se protege el suelo para evitar el desarrollo de malas hierbas, para mantenerlo a una temperatura adecuada, reducir la evaporación del agua, y también para facilitar el riego. Esta operación de protección consiste en extender una lámina de polietileno; en los puntos previstos para la plantación, se hace un corte en forma de cruz (para poder repicar rápidamente las plantas con cepellón). Se instala un tubo perforado (gotero) entre dos filas de tomates antes de colocar la hoja de polietileno sobre el suelo: este tubo servirá para distribuir el agua y los fertilizantes disueltos en ella.

Otra operación que se realiza a veces en los cultivos que han estado afectados por alguna enfermedad criptogámica consiste en deshojar las plantas, es decir, eliminar las hojas viejas que se hallan en la base y que han sido atacadas por los parásitos. Conviene hacerlo lo más tarde posible y solamente si las hojas se hallan verdaderamente estropeadas. Las hojas aseguran la nutrición natural a los frutos. Si hay pocas, su maduración puede verse afectada.

Tratamientos hormonales

En numerosos casos, para ayudar o acelerar la maduración del fruto, sobre todo cuando las condiciones climáticas no son muy buenas (frío, insuficiente iluminación), se realizan pulverizaciones de sustancias auxínicas que pueden estimular el crecimiento del fruto. Este tratamiento es particularmente importante cuando la polinización no ha sido eficaz y el número de semillas en el fruto es insuficiente, ya que este no puede desarrollarse y como consecuencia es demasiado líquido. Se pulveriza una solución acuosa que se prepara con varias sustancias químicas de tipo hormonal. Conviene pulverizarla directamente sobre las flores protegiendo con una mano los limbos foliares vecinos para evitar daños como el rizado de las hojas y siguiendo estrictamente las dosis indicadas. Las sustancias que se utilizan son numerosas y poseen diferentes principios activos (todos actúan como estimulantes del desarrollo del fruto). Si las dosis son excesivas, se provocan deformaciones en los frutos, que pueden formar grietas profundas. Para realizar el tratamiento es preferible utilizar aparatos pequeños que permiten distribuir finamente la solución. Es preferible realizar esta tarea durante la tarde y utilizar para la solución agua no demasiado fría. Esta operación debe efectuarse una vez que haya tenido lugar la fecundación natural.

El tratamiento provoca la formación de frutos apirenos —sin semillas—, sin embargo el crecimiento es normal y sólo a veces tiene alguna malformación. Los tomates tratados con pulverizaciones a base de hormonas generalmente presentan un abultamiento típico en la parte terminal.

Tomate tratado con auxinas. Presenta un engrosamiento típico de la parte superior

Cultivo en el campo

En las explotaciones en pleno campo, se plantan unas dos o tres tomateras por metro cuadrado si la producción está destinada al tomate concentrado. Se calculan unas cuatro o cinco plantas por metro cuadrado si está destinada al tomate pelado en conserva.

Para facilitar las labores —la cosecha incluida— es preferible dejar mayor espacio entre filas (1 m) y plantar las tomateras más cerca (35-40 cm) antes que dejar sólo 70 cm entre las filas y 50 cm entre las plantas. Una densidad excesiva de plantas provoca un exagerado crecimiento en altura del eje principal, un porcentaje de fecundación menor, una mayor sensibilidad a las enfermedades y un producto de baja calidad. Tampoco conviene que las plantas sean demasiado frondosas.

Por motivos económicos no se adoptan, en los cultivos con fines industriales, los tutores, ni el de tipo móvil con dos alambres.

Es por esto que se tiene tendencia a cultivar plantas de crecimiento determinado, en las que el vigor vegetativo queda controlado; además, las variedades más comunes actualmente ofrecen una resistencia aceptable a las enfermedades criptogámicas, la floración tiene lugar rápidamente y los frutos no se ven afectados por el sol aunque queden al descubierto. Estas variedades pueden cultivarse, pues, al aire libre sin que ello provoque demasiados problemas. Basta con eliminar las malas hierbas para que no se vuelvan invasoras. No se desmochan ni se pinzan, pero se recalzan, se aplican fertilizantes y evidentemente se riegan.

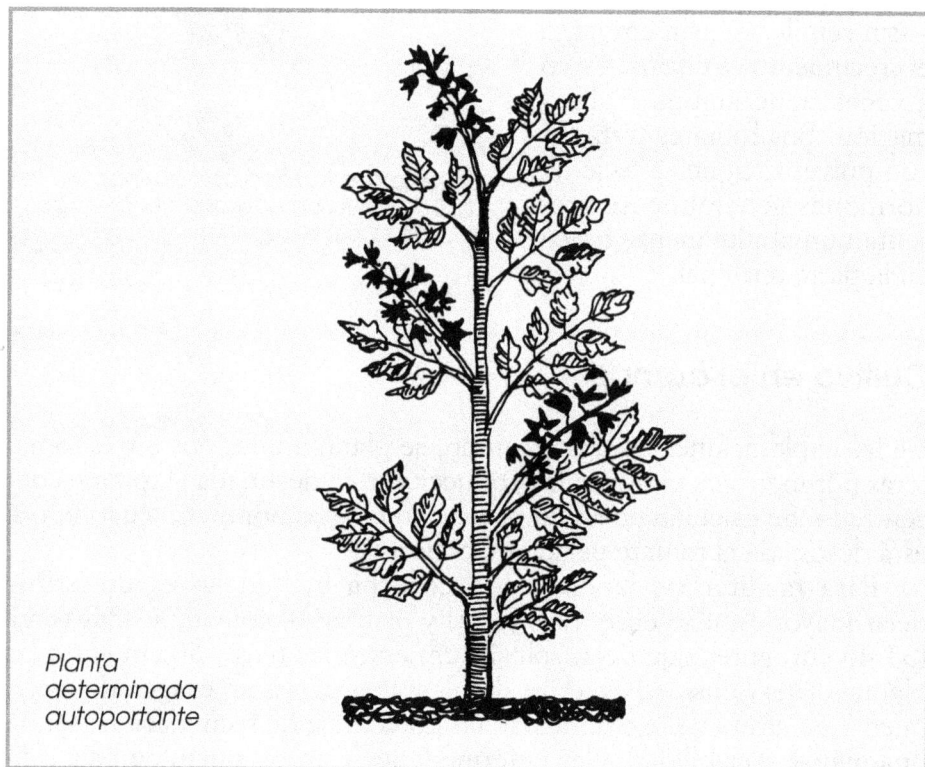

Planta determinada autoportante

ELIMINAR MALAS HIERBAS

Es imprescindible evitar la proliferación de malas hierbas durante el crecimiento de las tomateras porque:

— puede producirse una competencia por los nutrientes entre las plantas cultivadas y las malas hierbas;
— la presencia de malas hierbas entre las plantas constituye un obstáculo para la cosecha, tanto si es manual como mecánica.

Eliminar las malas hierbas de forma manual, e incluso realizarlo mecánicamente, es una labor costosa. Conviene pues emplear productos químicos: los herbicidas. Hay dos grupos de herbicidas. El primero comprende los herbicidas selectivos: son productos que no afectan a la planta cultivada. El segundo comprende los productos de acción total e indiferenciada y por esta razón, cuando se realiza el tratamiento, debe disponerse de un equipo especial (campana) para evitar que las soluciones empleadas afecten a la planta cultivada y así solamente actúen sobre las malas hierbas. Este segundo grupo no se emplea en el cultivo del tomate. Se pueden clasificar los herbicidas selectivos en tres grupos: los que se aplican antes de la siembra o del repicado y los que se aplican incluso después de que el cultivo haya empezado. El tercer grupo es el de los herbicidas usados en el momento de la siembra o justo antes de que las plantas despunten. Ninguno de los productos de esta categoría se utilizan con los tomates.

Incluso en el caso de emplearlos después del repicado, se usa un solo principio activo, que es el único producto selectivo autorizado para el tomate: el metribuzin. Cuando un herbicida ha sido aplicado sobre el suelo, hay que recubrirlo inmediatamente con tierra para que no pierda su eficacia. Se utiliza siempre antes de la plantación de las tomateras.

Esto es un obstáculo considerable ya que la elección del principio activo —entre los cuatro o cinco disponibles (véase tabla de la pág. 78)— debe hacerse antes de saber cuáles son las malas hierbas y cuál es su densidad de establecimiento. Realmente, ningún herbicida actúa sobre todas las malas hierbas, sino que lo hacen con distintos grados de eficacia. Algunas malas hierbas quedan completamente destruidas, otras lo son parcialmente y otras quedan intactas.

SENSIBILIDAD DE LAS PRINCIPALES MALAS HIERBAS A LOS HERBICIDAS						
Nombre	Linuron	Difenamida	Difenamida + Metribuzin	Metribuzin	Pendi-metalin	Trifluralina
Adonis		2		1		4
Ajuga		4		1		1
Amaranthus	1	1	1	1,5	1	1
Anagallis		4		1		1
Atriplex		1	1	1		1
Avena		4	1	1,5	4	2,5
Calepina	3	2,5		1	2,5	3
Capsella		2,5	1	1	1	3
Cerastium	1	3		1	1	1
Chenopodium	1	1	1	1	1	1
Cuscuta		4		4		2
Datura		4		1		4
Digitaria	2	1	1	1,5	1	1
Diplotaxis		2,5		1,5		3
Eryngium	2	1	1	2,5	1	1
Euphorbia		4	1	1	3	4
Fumaria	4	3	2	1	1	2,5
Galeopsis	1	4	1	1	1	1
Galinsoga	1	4		1		4
Gallium	3	4	4	4	4	2,5
Lamium	2	1	1	1	1	1
Lolium	2	1	1	1	4	1

(continúa)

Debemos pues elegir el principio activo, no en base a la selectividad de un producto respecto a las tomateras o sobre consideraciones económicas (menor coste) sino sobre la presencia recurrente de las malas hierbas específicas que se podrán reducir o destruir (véanse tablas de las páginas 76-78).

Sin entrar en demasiados detalles, recordemos que los herbicidas actúan o bien por contacto, lo que significa que provocan una acción cáustica destructora sobre las malas hierbas, o bien por absorción con

SENSIBILIDAD DE LAS PRINCIPALES MALAS HIERBAS A LOS HERBICIDAS						
Nombre	Linuron	Difenamida	Difenamida + Metribuzin	Metribuzin	Pendi-metalin	Trifluralina
Lupinus	2	1	1	1,5	4	1,5
Matricaria	3	4		1	1,5	4
Mercurialis	1	4	1	1	1	1
Oxalis		2	2	1		4
Papaver	1	3	1	1	1	1
Phalaris		4	1	2	4	2
Poa	1	1	1	1	4	1
Polygonum	1	3	2	2	1	1
Portulaca	1	1	1	2	1	1
Ranunculus	1	4	2,5	1	2	2,5
Raphanus	1	1	1	2	1	1
Senecio	4	3	1	1	4	4
Setaria	1	1	1	1,5	1	1
Sinapis	1	2,5	1	1	3	3
Solanum	3	3	3	1	1	4
Sonchus		3		1		4
Stachys		4	11			1
Stellaria	1	2	1	1	1	1
Thlaspi	3	4	4	1	2,5	3
Veronica	1	1	1	2	1	1
Vicia	2	4	4	3	2,5	4

1 = sensible; 2 = medianamente sensible; 3 = medianamente resistente; 4 = resistente.

destrucción foliar o radical. Los factores edafoclimáticos influyen ampliamente sobre la eficacia de los productos. La temperatura favorece o inhibe, según si es elevada o baja, la acción del herbicida. La lluvia, cuando interviene justo después de una pulverización, tiene en general una acción positiva, sea porque disuelve mejor el producto, sea porque favorece la germinación de las malas hierbas. Sin embargo las lluvias excesivas y prolongadas resultan nefastas ya que dispersan el producto. El viento también es un factor importante: resulta un obstáculo para la distribución uniforme del herbicida, aunque sólo se trate de una ligera brisa. Detallaremos algo más las modalidades de empleo del metribuzin, ya que es el único herbicida que se puede utilizar después de que las plantas emergen del suelo o del repicado. Conviene aplicarlo cuando las plantas tienen por lo menos ocho o nueve hojas, de otro modo podrían sufrir daños. Para que los herbicidas sean eficaces, las malas hierbas deben estar al principio de su desarrollo o justo recién germinadas. El producto actúa por absorción foliar o radical.

HERBICIDAS UTILIZADOS EN LAS TOMATERAS			
Materia activa	Nombre comercial	Empleo	Dosis por ha en litros o kg
Difenamida	Dymid	antes del repicado o siembra, enterrado	8-10
Metribuzin	Sencoral	después del repicado	0,25-0,75
Pendimetalin	Prowl	antes del repicado	3-4
Trifluralina	Treflan	antes repicado, enterrado	1-2
Difenamida + Trifluralina	Dymid + Treflan	antes del repicado, enterrado	5 + 1
Difenamida + Metribuzin	Dymid + Sencoral	justo después de la siembra	3,2 + 0,2
Linuron	Numerosas especialidades	antes de la plantación, después en chorros dirigidos (invernaderos y protecciones)	1

PLAGAS Y ENFERMEDADES

Como todas las plantas cultivadas, la tomatera se ve afectada por numerosas enfermedades. Los parásitos y las alteraciones que la afectan pueden ser clasificados según distintos criterios que se pueden distinguir gracias a los agentes que causan el mal: los hongos, los insectos, los nematodos, los virus, las alteraciones fisiológicas y las que no son parasitarias (alteraciones climáticas, nutricionales, etc.). Otro sistema consiste en individualizar la parte afectada: aparato radical, eje principal, hojas, frutos, etc.

También puede ser interesante determinar las enfermedades en función de la estación o de las fases del cultivo en que se desarrollan: siembra, etapa que va del repicado a las primeras fases del crecimiento, o también de la floración a la recolección.

Enfermedades del aparato radical

Las enfermedades de la tomatera se pueden dividir según un esquema analítico que facilita la identificación del mal y por lo tanto las modalidades de lucha.

Se puede empezar por hacer una clasificación de las enfermedades que afectan al aparato radical.

• Los *nematodos* forman agallas y excrecencias, nódulos blandos sobre las raíces primarias y en el cuello.

• La *podredumbre de los semilleros* (por epidemia) se pone en evidencia por los daños en el cuello y una rápida marchitez de la planta atribuible a distintos hongos (*Phythium*, *Phoma*, *Thielavia*, etc.).

77

• La *alternariosis* está provocada por otro hongo que forma manchas negras de podredumbre seca en el cuello.

• Los *noctuidos* son insectos cuya larva vive escondida en el suelo y que, durante la noche, roe y rompe las raíces y las plantas jóvenes a la altura del cuello.

• Los *Agriotes obscura* son larvas de coleóptero que provocan daños similares a los descritos.

• La *grillotalpa* (alacrán cebollero) roe las raíces y trunca el cuello.

Enfermedades del eje principal

Las alteraciones que tienen lugar en el tallo son las siguientes:

• La *alternariosis* forma manchas negras de podredumbre seca.

• Las *bacteriosis* provocan fisuras longitudinales en la cima.

• La *podredumbre gris* causa marchitez en las heridas en que se ha formado una pústula.

• El *mildiu* provoca podredumbres y necrosis con manchas amarillas cerca de la base de los peciolos.

• La *esclerotinia* provoca una podredumbre blanda en la base del fruto.

• La *verticiliosis* se caracteriza por una marchitez que se sitúa en principio en la parte superior de la planta.

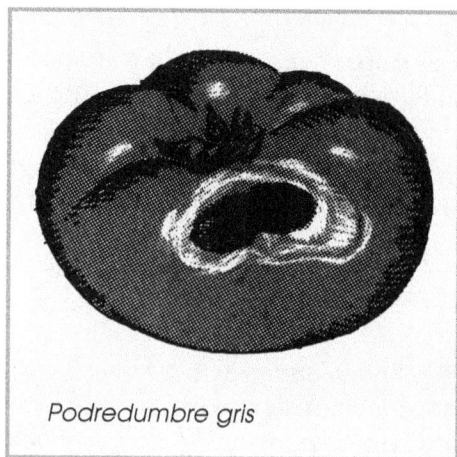

Podredumbre gris

Enfermedades de las hojas

Las alteraciones que afectan a las hojas son muy numerosas. Las alteraciones provocadas por criptógamas son las siguientes:

• La *alternariosis*: el limbo presenta manchas negras concéntricas delimitadas por las nerviaciones; las hojas terminan por secarse.

• Las *bacteriosis* destacan por una marchitez parcial en las hojas que se secan enseguida.

• El *oídio* se caracteriza por un moho blanco, polvoriento. Los brotes se quedan raquíticos y las hojas no se desarrollan.

• El *mildiu* causa una desecación y manchas con moho blanco en la parte inferior del limbo.

• La *septoriosis* provoca manchas redondas de diámetro reducido, de color gris con el borde oscuro.

• La *cladosporiosis* provoca una desecación amarillenta y manchas irregulares con moho verdoso sobre la parte inferior de la hoja.

• También podemos ver sobre las hojas *virus* que provocan síntomas como clorosis, arrugas, rizados, excrecencias y manchas abigarradas.

• Numerosos *insectos* pue- den también estropear las hojas.

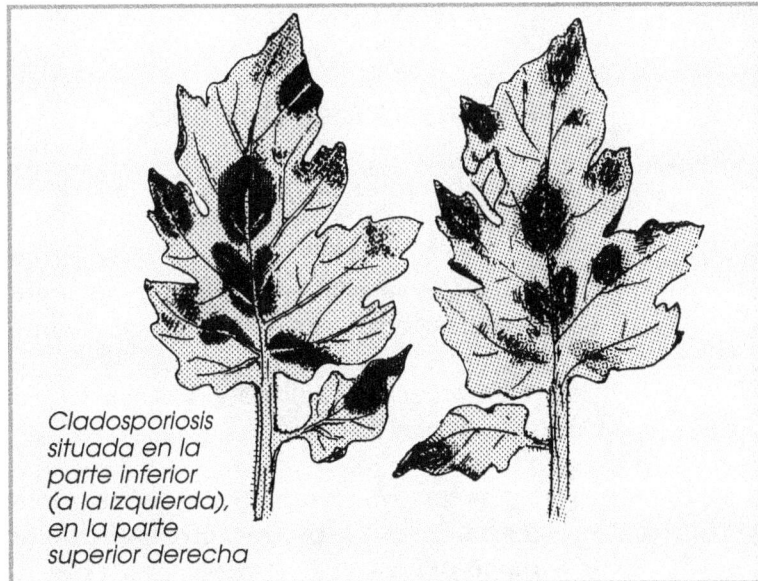

Cladosporiosis situada en la parte inferior (a la izquierda), en la parte superior derecha

79

• Los *pulgones* son los responsables del rizado de las hojas más jóvenes y de un paro en el crecimiento.

• Las *chinches* provocan picadas seguidas de malformaciones.

• El *escarabajo de la patata*: sus larvas rojizas devoran las hojas.

• Los *noctuidos*, o *rosquillas negras* erosionan las hojas.

• Las *arañas rojas*, succionando la savia de las hojas, causa decoloraciones difusas, enrojecimientos. Las hojas acaban secándose.

• Las *orugas hilanderas* o arañuelos producen galerías en el limbo foliar.

• Los *trips*: se detectan necrosis con formaciones del tipo cecidio seguidas de defoliación.

Entre las enfermedades no parasitarias, se incluyen el rizado del limbo, las manchas amarillas, las desecaciones, los enrojecimientos causados por el frío y el hielo.

Enfermedades del fruto

Las alteraciones que afectan a los frutos también son muy numerosas.

• La *alternaria* provoca pequeñas manchas oscuras en el centro con aureolas concéntricas situadas generalmente cerca del pedúnculo.

• La *antracnosis* se caracteriza por las manchas marrones circulares formando una depresión.

• Las *bacteriosis* forman manchas superficiales y redondas o bien forman un halo claro u oscuro; en algunos casos, sólo detectamos pequeñas motas negras.

• La *podredumbre gris* (botritis): la alteración comienza en el cáliz. Después todo el fruto se cubre de un moho gris. Es frecuente cuando hace frío.

• Los *noctuidos*: su larva penetra en los frutos y cava galerías.

• Las *grietas* localizadas cerca del pedúnculo son debidas a un riego irregular.

• La *podredumbre apical*, de color verdoso, de consistencia seca y localizada en la parte superior del fruto, va ligada a un desequilibrio hidromineral.

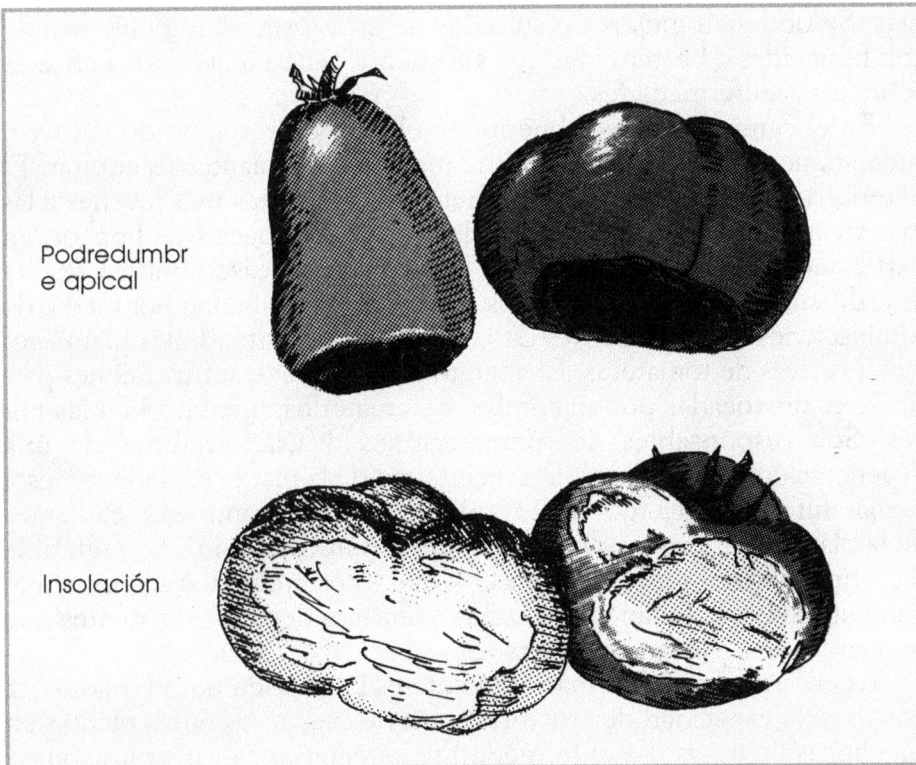

Podredumbre apical

Insolación

• Las *insolaciones* forman manchas claras que enseguida oscurecen; se rodean de un halo más claro.

• Las *lesiones* provocadas por el granizo ocasionan a los frutos daños variables: desde simples arrugas superficiales que afectan sólo a la piel, hasta grietas más o menos profundas.

Enfermedades fúngicas

Las enfermedades causadas por hongos, tanto de la raíz como del cuello (podredumbre de las raíces, podredumbre de los semilleros), atribuibles a distintos hongos que se hallan en los semilleros, pueden prevenirse controlando las condiciones atmosféricas de modo que la humedad del suelo, la temperatura y la aireación se acerquen a las óptimas. Se obtienen mejores resultados de esta forma que pulverizando con fungicidas o bactericidas que solamente tienen una relativa eficacia sobre estas enfermedades.

En el campo, y especialmente en el caso de rotación de cultivos, constatamos a menudo síntomas de marchitez en plantas ya adultas. El deterioro de la planta se va produciendo de las partes más jóvenes a las más viejas. Esta marchitez es debida a diversas especies de hongos, en particular al *Verticillium*. La lucha directa en este caso también resulta muy difícil; sin embargo, podemos prevenir la enfermedad por medio de fumigaciones realizadas antes de la plantación o evitando las plantaciones sucesivas de tomateras. El aparato radical puede sufrir lesiones particulares provocadas por anguílulas, o nematodos, que viven en las raíces. Son responsables de tumefacciones difusas seguidas de una degeneración de los tejidos. El crecimiento de la planta se detiene y esta se marchita. La única forma de combatirlos es fumigando el suelo, antes de la plantación, con productos que destruyan el parásito. Es preferible recurrir a empresas especializadas, ya que estos productos son extremadamente tóxicos. También es posible utilizar variedades resistentes que se plantan en suelos poco infectados.

La enfermedad foliar más frecuente es la causada por el mildiu, un hongo cuya capacidad destructora es muy elevada. Ataca las plantas en las épocas lluviosas. La enfermedad se caracteriza por la aparición de

Marchitez provocada por
Verticillium

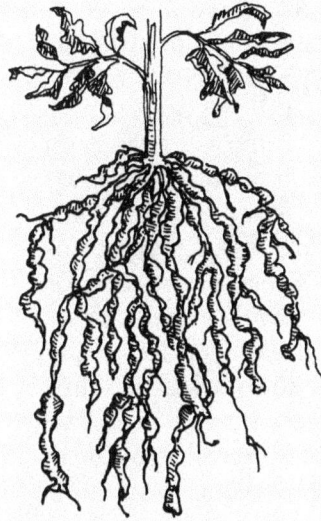

Agallas provocadas por
nematodos

Mildiu

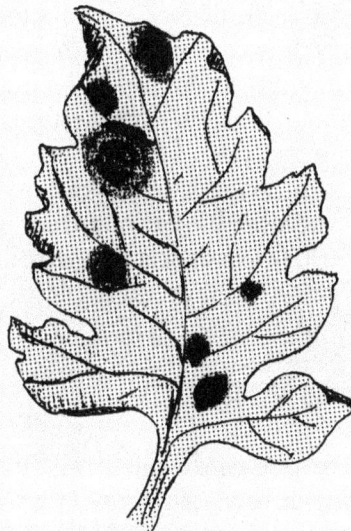

Alternariosis

manchas marrones sobre las hojas y un moho blanquecino que despide un olor característico al frotarlo. Los tallos pueden presentar también necrosis en la parte inferior y los frutos pueden tener grandes manchas verdosas. La septoriosis y la alternariosis son dos enfermedades frecuentes en las hojas y en los tomates. La alternariosis se produce con mayor facilidad cuando el tiempo es cálido y seco. Forma pequeñas manchas redondas concéntricas típicas que llevan a una desecación de las hojas

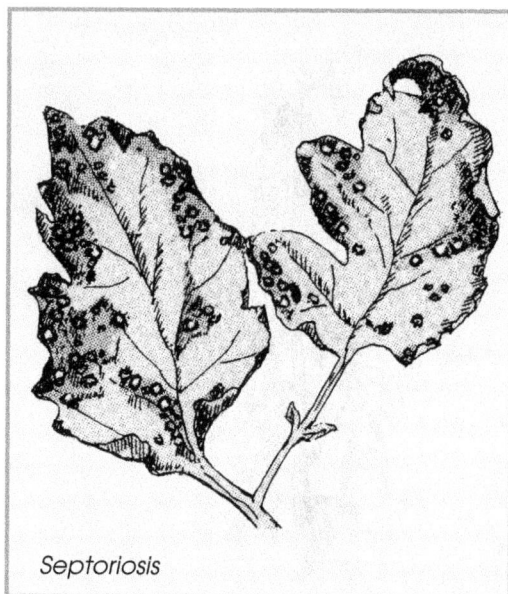

Septoriosis

y a una podredumbre de los frutos. La septoriosis se reconoce por las numerosas manchas grises rodeadas de un halo oscuro; produce la lenta caída de las hojas. Aparece después de los días húmedos o con abundante rocío. Se pueden prevenir estos ataques criptogámicos, como los que aparecen esporádicamente sobre las hojas, pulverizando a intervalos de ocho a diez días con fungicidas cúpricos u orgánicos (Zineb, Ziram, Maneb, Mancozeb). Se recomienda tratar después de cada lluvia para evitar que los parásitos se desarrollen más rápidamente en un ambiente húmedo y no penetren en la planta.

Bacterias y virus

Distintas especies de bacterias atacan las tomateras, sobre todo en el caso de los cultivos sin tutor. Los síntomas son prácticamente siempre los mismos: manchas seguidas de necrosis de pequeñas dimensiones aparecen sobre las hojas; la marchitez se extiende de arriba hacia abajo, al mismo tiempo que se forman manchas rodeadas por un halo, sobre el

Moteado debido
a una bacteriosis

Bacteriosis
sobre los frutos
y las hojas

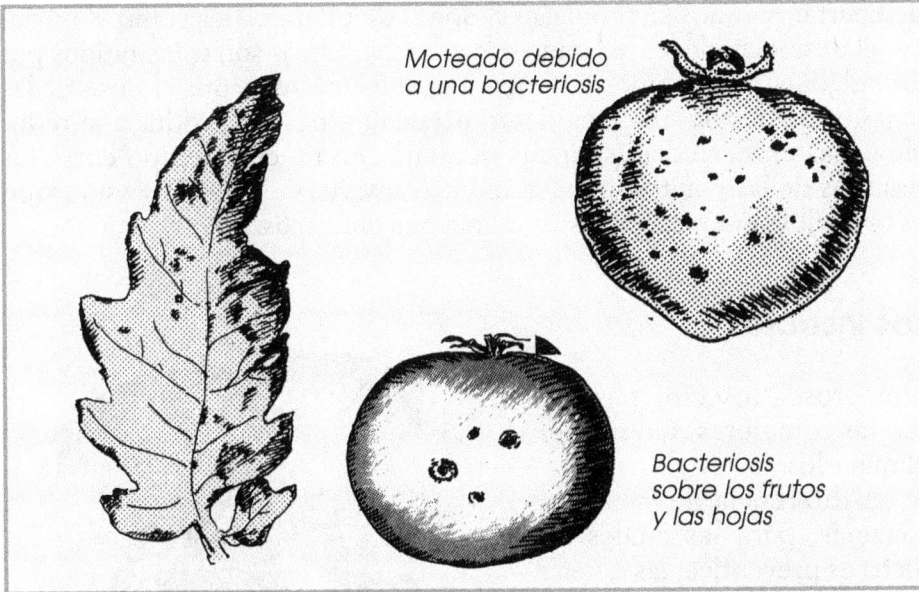

fruto. Rápidamente la cosecha se pudre. Los tratamientos foliares no son muy eficaces, conviene asegurarse de la buena calidad de las semillas que podrían ser la principal fuente de difusión de la enfermedad. Conviene suprimir los frutos y las plantas afectados para evitar la epidemia.

Virosis sobre los frutos
y las hojas

La tomatera es a menudo víctima de virus muy difíciles de controlar. Se han seleccionado variedades resistentes o menos sensibles a este tipo de enfermedades. Los virus son más frecuentes en las variedades tempranas o

de huerta. Algunos se propagan después de operaciones como el pinzado, el desmochado, el repicado o la cosecha. Otros son transmitidos por los pulgones. Se manifiestan como una deformación y una clorosis de las hojas, seguidas de un crecimiento irregular y de una producción reducida. Las enfermedades víricas permanecen mucho tiempo entre los residuos de las plantas; pueden infectar nuevos cultivos. Por esta razón es preferible quemar los restos de plantas enfermas.

Los insectos

Numerosos insectos parasitan las tomateras. Conviene eliminarlos.

A diferencia de las criptógamas, para las cuales la lucha es preventiva, las enfermedades ocasionadas por los insectos y los arácnidos (arañas rojas, orugas hilanderas, noctuidos o rosquillas, orugas cortadoras o *Agriotes obscura*, y los pulgones o *Eriosoma lanigerum* se tratan exclusivamente cuando se ha constatado la presencia del parásito. La grillotalpa destruye las plantas jóvenes al

Larva de noctuido y erosión del fruto

principio de su desarrollo. Es muy destructora en los cultivos sembrados en pleno campo. Una defensa eficaz consiste en tratar la semilla o poner cebos envenenados (salvado o resina). En el suelo encontramos también noctuidos y *Agriotes obscura* que roen el cuello de las plantas jóvenes. Podemos incluso encontrar noctuidos en los frutos.

La desinfección del suelo con la ayuda de productos específicos puede limitar sensiblemente los daños. La pulverización con organofosforados aniquila las larvas del escarabajo de la patata que devoran las hojas.

Larva de
dorífora y hojas
roídas

Transmisión de las enfermedades a través de las semillas

Para completar este capítulo sobre las enfermedades y los parásitos, conviene destacar aquellas que se transmiten por las semillas. Diferentes enfermedades causadas por hongos, bacterias o virus pueden afectar la semilla cuando todavía se halla en el fruto. Cuando la enfermedad se halla presente en la semilla, desde los primeros estadios del desarrollo, los síntomas y las anomalías que conducen a la muerte de las plantas son visibles. Es indispensable (ya que es prácticamente imposible prevenir estas enfermedades) comprobar que las plantas o los frutos que contienen las semillas no presentan los síntomas con el fin de estar seguros de que estas no son portadoras de la enfermedad.

Podredumbre ocasionada
por Pythium (en semillero)

87

LA COSECHA

El periodo entre la siembra y el principio de la cosecha puede variar mucho de un cultivo otro. Esto es debido a numerosas razones. Primero, la precocidad es una característica propia de cada variedad. Algunas tienen un ciclo de 135 días; otras, de 170. El clima, al principio del cultivo, es un elemento importante, ya que permite a la planta crecer regularmente o al contrario, estancarse durante un largo tiempo. La técnica de cultivo, en particular el desmochado, influye sobre todo el ciclo. El estado de maduración de los frutos mientras se realiza la recolección lo alarga o abrevia. Pueden transcurrir entre 40 y 60 días desde la floración a la cosecha según si se recolectan los frutos más o menos maduros. Incluso la duración de la cosecha puede ser variable, ya que la maduración de las bayas es gradual.

Pueden transcurrir 10 días entre la maduración de un racimo de frutos y el de otro racimo situado más alto en el mismo pie. Por otra parte todos los frutos de un mismo racimo no maduran a la vez. Los cultivos en invernadero pueden madurar durante dos meses, pero la tendencia es limitar este tipo de producción durante la recolección de los cultivos en pleno campo, para evitar una superproducción en el mercado habitual.

La recolección se puede hacer tanto a mano como a máquina. En lo que concierne a los cultivos en pleno campo destinados a la industria, esta es mecánica. Podrá prolongarse durante un mes para las producciones destinadas al mercado y a las tiendas. Se puede recolectar a mano o mecánicamente (según la importancia del productor). Se optará por la recolección mecánica cuando se trata de cultivos extensivos y cuando el producto está destinado a la industria; la recolección manual se lleva a cabo cuando el producto está destinado al mercado o a la industria y las explotaciones son pequeñas y de carácter familiar, donde el coste de la mano de obra no se tiene en cuenta.

Cosecha de frutos destinados a las verdulerías

La cosecha de los tomates destinados a las verdulerías debe hacerse de forma que los frutos no se estropeen, lo que comportaría una devaluación importante del precio de mercado y comprometería su comercialización.

Se pueden recolectar los tomates en diferentes estadios de maduración: prácticamente blancos o ligeramente rosados hacia la parte distal si van destinados al mercado interior, completamente rojos si se recolectan en pleno verano o si van destinados al mercado exterior. Al principio, el intervalo entre la primera recolección y la siguiente puede ser de una semana. Después, a medida que la producción aumenta y que hace más calor, el intervalo se reducirá hasta que la recolección sea diaria. Cuando hace mucho calor, se puede pasar a recolectar dos veces en un mismo día si se quiere obtener tomates apenas rosados.

Se cogen los frutos sometiéndolos a una ligera torsión, de esta forma el pedúnculo queda ligado a la planta.

Cuando el fruto esta bien maduro, la recogida es fácil; es más difícil si la maduración no ha llegado a su término. Si el tomate no tiene pedúnculo, evitamos una de las principales causas de magulladuras en el curso de la recolección, del transporte y de la selección. Los que prefieren presentar los tomates en el mercado con su pedúnculo y su cáliz (garantía de la frescura del fruto) deben desprenderlo de la planta en la zona donde hay un engrosamiento particular (rodilla), de manera que la rotura sea fácil y limpia. En este caso, hay que colocar inmediatamente los tomates en cajas en una sola capa para evitar que se estropeen.

La recolección debería tener lugar (sobre todo para los tomates de invernadero) a primera hora de la mañana. De este modo evitamos las temperaturas demasiado elevadas que podrían acelerar la coloración y el reblandecimiento del producto que llegaría demasiado maduro al punto de venta. Los tomates serían demasiado blandos, demasiado rojos y difíciles de manipular; su aspecto poco atractivo conllevaría el rechazo de los compradores. En el momento de la recogida, se puede hacer una primera selección de los frutos y rechazar los enfermos, con alteraciones fisiológicas o patológicas. Conviene alejarlos del invernadero, del túnel o del campo para no favorecer la propagación de las enfermedades.

Cosecha de frutos destinados a la industria

Los tomates destinados a la industria deben estar totalmente maduros y rojos. La recolección empieza en julio y prosigue durante todo el mes de septiembre en levante y en el sur. No deben llevar ni cáliz ni pedúnculo. Se recolectan tomándolos con la palma de la mano y ejerciendo, con el dedo índice, una presión sobre el pedúnculo de manera que se caiga. Es preferible recolectar cuando los frutos no tienen rocío ni agua de lluvia, para evitar que se manchen o que se pudran. Se disponen en cajas de plástico de 20-25 kg que se hallan dispuestas en el campo. Se almacenan al final del día, sin embargo es preferible hacerlo inmediatamente para no exponer los tomates al sol. Con el sol se aprecia además de la elevación anormal de la temperatura, decoloraciones en los tomates que también adquieren tonalidades bronceadas y se encogen. Estos son algunos aspectos que inciden negativamente sobre la calidad de los frutos que han estado expuestos al sol directo. Los operarios empleados para la recolección deben realizar una selección y eliminar todos los tomates malos: estropeados o roídos por insectos. Esta selección evitará un porcentaje de desechos demasiado elevado en la fábrica.

La recogida manual se hace en varias veces, con algunos días de diferencia. Se recogen únicamente los frutos que han alcanzado el estado ideal de maduración. Durante la recolección, los operarios deben tener cuidado de no golpear ni pisotear las plantas. Desplazando los sarmientos es fácil provocar lesiones o romper los tallos secundarios y hacer caer los frutos, que además de no madurar pueden resultar quemados por el sol. En el caso de las tomateras con tutores, es preciso, al final del cultivo, retirar los tutores y los alambres y guardarlos para prolongar su vida útil. Los tallos de las plantas deben ser arrancados y destruidos para evitar el desarrollo de enfermedades.

Una vez que los tomates han sido vendidos, algunas plantas, las más vigorosas, sobre todo, o las plantas de floración gradual, llevan todavía numerosos frutos verdes, inutilizables. Se pueden almacenar para el consumo o la venta local después de una maduración artificial. Para ello se corta la parte terminal de la planta, se atan varios tallos principales y se cuelgan en un lugar cálido para favorecer la maduración de los frutos. Los más grandes, parcialmente maduros, pueden ser recolectados.

Se disponen sobre un enrejado, en un local a 20 °C y se deja que terminen de madurar.

Cosecha de tomates para guardar

En este caso también se corta la planta, cuando los frutos son rojos, y después se cuelgan con cordeles en un lugar fresco.

La cosecha mecánica

Cada vez es más frecuente que la cosecha se realice mecánicamente. Esto se debe al elevado coste y a la falta de mano de obra. Existen máquinas de gran rendimiento que llevan a cabo todas las operaciones: se corta la planta, se recogen los frutos, se colocan sobre cintas transportadoras donde se seleccionan y se disponen en contenedores que se hallan sobre las máquinas, cerca de la cosechadora. El rendimiento puede alcanzar de tres a seis toneladas por hora. En general se utilizan máquinas más pequeñas que simplifican el trabajo. Entonces se llega a triplicar el rendimiento de la recogida manual ya que un operario no recolecta más de 75 kg por hora. El personal empleado en la cosecha mecánica debe saber seleccionar los tomates, es decir, distinguir los frutos estropeados y los demasiado verdes y no enviarlos a la factoría. Para que la cosecha mecánica tenga éxito, conviene respetar algunos principios fundamentales.

Las dimensiones del campo, en particular su longitud, deben permitir garantizar la continuidad de las operaciones. Es necesario que la disposición de los cultivos permita a las máquinas avanzar fácilmente y recoger los frutos sin que se llenen de tierra, y que la siembra se haya realizado de manera que los pasillos sean suficientemente anchos para permitir que las máquinas pasen y recolecten todos los frutos sin estropearlos. Conviene que las variedades recolectadas mecánicamente sean resistentes a las enfermedades, tengan un vigor vegetativo limitado y sobre todo que tengan una gran uniformidad en la época de maduración, para evitar que una parte de la producción este demasiado madura y se estropee esperando la cosecha y que otra parte esté todavía verde

y por lo tanto inutilizable para la industria. Para acelerar la maduración, entendida como el enrojecimiento del fruto, se puede pulverizar con una solución de Ethrel. En pocos días los frutos verdes maduran mientras que, los que ya estaban maduros, no se alteran. Se dispone de este recurso cuando se quiere aumentar el rendimiento. La siembra debe estar programada, la germinación facilitada por diversos medios, el crecimiento uniformemente continuo gracias a un riego controlado de manera que la mayoría de los frutos alcancen la madurez al mismo tiempo. De esta forma se puede prever la recolección entre el 125.° y el 135.° días.

EL CULTIVO BIOLÓGICO

El reciente interés por el cultivo biológico responde a una demanda creciente de los consumidores de alimentos «bio»; esto se inscribe en una nueva exigencia: la de comer sano.

En la era de los cultivos intensivos, numerosos particulares e incluso empresas se ven tentados por el cultivo biológico. Aunque en el mercado la venta de productos biológicos sólo representa un 0,4 % del presupuesto total que dedican los consumidores a la alimentación, las prospectivas de este mercado presentan oportunidades nada despreciables. Los principios de este cultivo exigen un tratamiento particular del suelo. El cultivo biológico exige por parte de los cultivadores una profunda motivación y una transformación en las técnicas de cultivo ya que se basa en:

— la eliminación de los productos químicos de síntesis;
— la creación de un ecosistema;
— el abandono de la explotación intensiva del suelo;
— el retorno a la rotación de cultivos;
— el reciclado de la materia orgánica natural.

Los rendimientos obtenidos son mucho menores que los de los cultivos intensivos. Sin embargo, los cultivadores tienen la inmensa satisfacción de explotar con sabiduría las riquezas de la tierra, de obtener frutas y verduras sanas y además en armonía con el ecosistema natural.

Los principales componentes del suelo

No debe olvidarse que de la calidad del suelo dependerá el éxito de las futuras cosechas; así, es primordial conocer bien sus componentes.

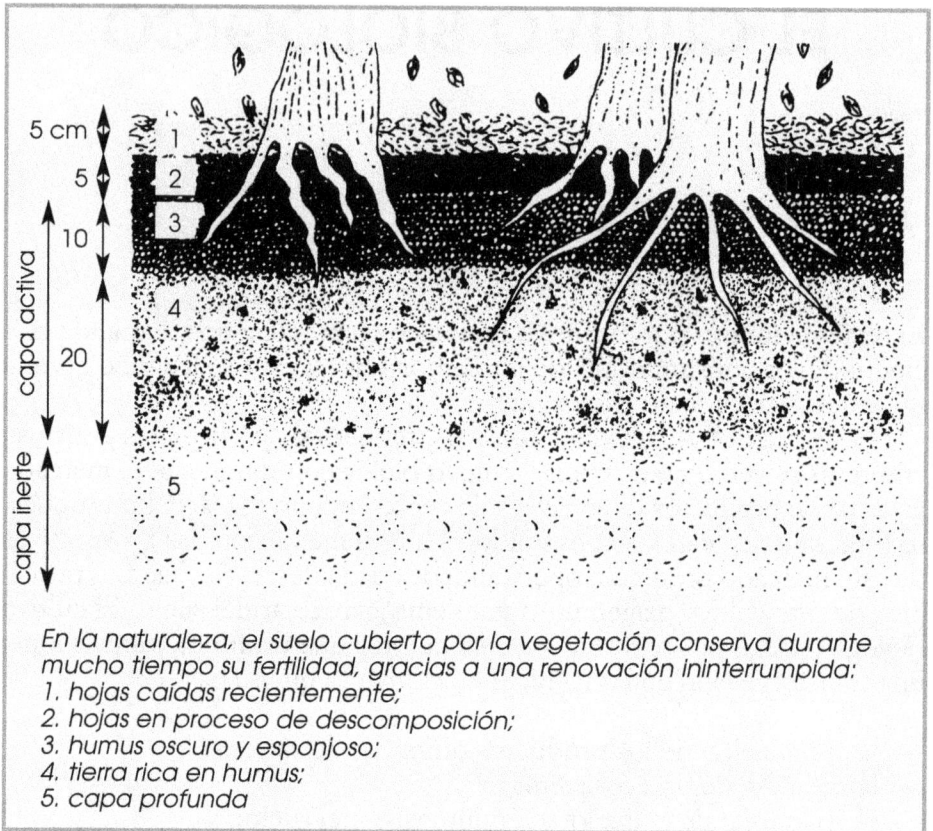

En la naturaleza, el suelo cubierto por la vegetación conserva durante
mucho tiempo su fertilidad, gracias a una renovación ininterrumpida:
1. hojas caídas recientemente;
2. hojas en proceso de descomposición;
3. humus oscuro y esponjoso;
4. tierra rica en humus;
5. capa profunda

En estado natural, el suelo es la parte de la tierra donde se desarrolla el aparato radical de los vegetales. Permanentemente se nutre gracias a la vegetación que lo cubre (sobre todo hojas muertas) y que enriquece las diferentes capas, u horizontes, gracias al proceso de la descomposición.

El suelo se divide en dos capas principales:

— la capa superior o capa activa, muy rica en humus, agua y microorganismos aerobios. Esta capa debe permanecer aireada, rica y ligera;
— la capa inferior o capa inerte es más compacta, más rica en microorganismos anaerobios y forma el último horizonte antes de la roca madre.

Los minerales

El suelo esta formado en un 90 % por material mineral. Estos materiales son:

— la arcilla, que fija las sales minerales, aporta una gran riqueza a la tierra y permite el almacenamiento de agua;
— la arena, la grava y las piedras, que tienen una función esencial para
la circulación del aire y del agua;
— el limo.

La materia orgánica

Siempre proviene de la descomposición de seres vivos. Los componentes
principales son: carbono, nitrógeno, oxígeno e hidrógeno. El humus representa este almacén de materiales orgánicos. Es un compuesto precioso que
permite el almacenamiento de agua y aporta los elementos nutritivos necesarios para el desarrollo de las plantas. Además de la materia orgánica y los
minerales, el suelo esta compuesto por una flora y una fauna abundantes
cuya función es esencial para mantener su equilibrio.

Conocer el tipo de suelo

Podemos distinguir cuatro tipos de suelos:

a) *Suelos ligeros:* básicamente formados por arena (hasta el 70 % de
la composición total), son muy permeables, lo que provoca una gran
pérdida de agua y sustancias nutritivas.

b) *Suelos pesados:* formados en su mayor parte por arcilla, en ellos
la circulación del aire se ve dificultada. Una costra de limo se puede
formar en la superficie.

c) *Suelos húmicos:* su estructura es más ligera. Contienen alrededor de
un 20 % de materia orgánica. Son fáciles de trabajar, y tienen tendencia a
ser demasiado ácidos en ausencia de un soporte mineral alcalino.

d) *Suelos francos:* son suelos equilibrados entre los tres constituyentes
fundamentales.

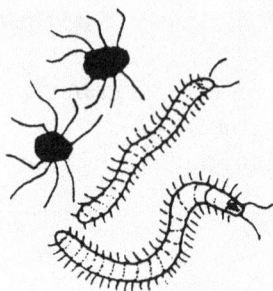

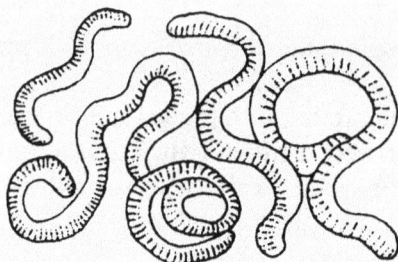

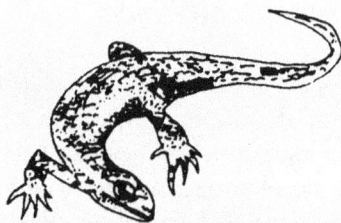

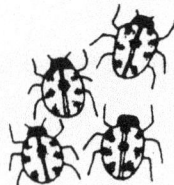

Numerosos animales ayudan al agricultor en su lucha contra los parásitos: las ranas, los sapos, las arañas, los ciempiés, las mariquitas, los erizos, los pájaros, etc.

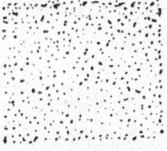

Suelo ligero

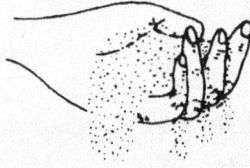

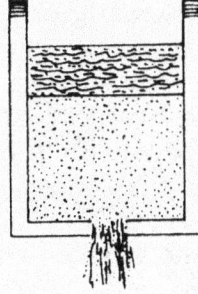

Suelo franco

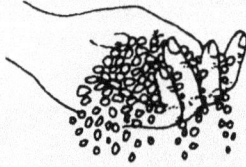

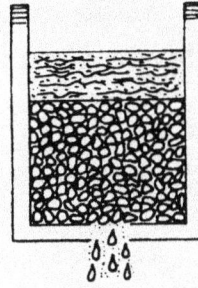

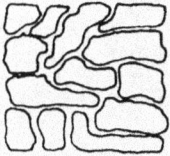

Suelo compacto

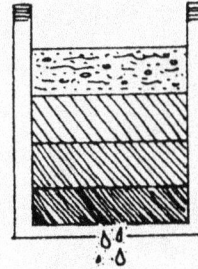

Las características del suelo pueden ser evaluadas, con fines prácticos, utilizando métodos sencillos

¿Cómo pasar del cultivo tradicional al cultivo biológico?

Un suelo sometido durante demasiado tiempo a la acción de los fertilizantes químicos debe limpiarse; efectivamente es indispensable regenerar el suelo para eliminar por una parte las sustancias químicas de síntesis y por otra para volver a establecer una fauna y una flora suficientemente ricas como para permitir el desarrollo natural de las especies vegetales que se plantarán posteriormente. Seguidamente detallaremos las diferentes etapas.

Si el suelo se halla demasiado agotado por los cultivos intensivos, conviene someterlo a un largo periodo de reposo y proceder a un abonado en verde. Se trata sencillamente de fertilizar el suelo con vegetales vivos. Se utilizan especies forrajeras que unos días antes de la floración se incorporan al suelo, ya que se trata del periodo en que los vegetales son más ricos en elementos nutritivos. Lentamente se irán transformando en humus e irán desapareciendo.

LA FASE DE TRANSICIÓN (UNOS DOS AÑOS)

• Practicar enmiendas frecuentes, pero en pequeñas cantidades.

• Aportar mantillo de forma progresiva (la microflora se multiplicará progresivamente e irá absorbiendo todas las sustancias químicas de síntesis del suelo).

• En último lugar, se aportará estiércol al suelo.

El cultivo biológico aplicado a los tomates

El suelo

Las tomateras se desarrollan particularmente bien en los suelos francos. El suelo debe regarse a menudo y permanecer fresco. La temperatura ideal para su cultivo es de 20-25 °C.

LOS PRODUCTOS BIOLÓGICOS

Existen diversas categorías de productos biológicos. Esta denominación se aplica tanto a productos que han respetado las normas del cultivo biológico en todas las fases del proceso de producción, como a los que sólo las han utilizado en parte. Para ayudar al consumidor a comprender qué se esconde detrás de una etiqueta donde se lee «producto biológico», los legisladores han clasificado los productos biológicos en cinco grupos:

• Los productos biológicos al 95 %, como mínimo: la composición de estos productos en ingredientes de origen de agricultura biológica es superior al 95 % y el etiquetaje está autorizado.

• Los productos biológicos al 75 %, como mínimo: estos productos no pueden utilizar la denominación «agricultura biológica» en los comercios pero pueden indicar el porcentaje.

• Los productos biológicos al 50 %, como mínimo: esta categoría desaparecerá pronto.

• Los productos biológicos con menos del 50 %: no se autoriza ninguna mención a la agricultura biológica en sus etiquetas.

• Los productos biológicos en conversión: se trata de productos controlados en los que las materias primas proceden de explotaciones en conversión hacia la agricultura biológica desde, por lo menos, un año antes de la recolección. Esta aclaración debe constar en la etiqueta.

Debe tenerse en cuenta, sin embargo que esta reglamentación es provisional y debe ser modificada, incluso simplificada.
    Conviene saber que desde el 1 de enero de 1997, es obligatorio hacer constar en la etiqueta el nombre del organismo responsable de la certificación.

La selección de las variedades

No existen variedades específicas para el cultivo biológico. Es preferible escoger simplemente las más resistentes a los virus (en especial aquellas cuyas características genéticas han sido seleccionadas para una mayor resistencia a las enfermedades).

La plantación

Siembra en cajonera caliente en enero y febrero para repicar en túnel entre marzo y abril.

Siembra bajo túnel en marzo para repicar entre abril y mayo.

Siembra en pleno campo en el mes de mayo para repicar en julio.

El mantenimiento

Pinzar las tomateras indeterminadas y suprimir los brotes precoces.

No suprimir las hojas hasta que los frutos hayan alcanzado la madurez. A finales de la estación, los frutos todavía verdes se almacenarán en un local luminoso y protegido.

La recolección

Según la época de la siembra, se recolectan de mayo a septiembre.

Las asociaciones

No existe ningún inconveniente en asociar el cultivo del tomate al de las lechugas, cebollas o ajos.

La producción

La producción varía entre las cinco y las doce toneladas por hectárea.

La lucha contra los parásitos y las enfermedades

Consultando la tabla de la página siguiente se puede determinar los productos autorizados en el cultivo biológico para realizar los tratamientos contra las plagas y las enfermedades.

A continuación se indican algunos consejos sobre prevención que permiten obtener unas mejores cosechas:

— utilizar siempre semillas certificadas;
— eliminar escrupulosamente todas las hojas amarillentas o enfermas;
— proteger los vegetales de los insectos eliminando a mano todos los que parasitan la plantas;
— mantener los animales útiles en el jardín: erizos, mariquitas, pájaros y también los ciempiés porque eliminan numerosos insectos parásitos y los caracoles y babosas inevitables.

PRODUCTOS AUTORIZADOS PARA LA LUCHA CONTRA LOS PARÁSITOS Y LAS ENFERMEDADES

- Preparaciones a base de piretrinas extraídas del *Chrysanthemum cinerariefolium.*

- Preparación a base de *Derris elliptica.*

- Preparación a base de *Ryania speciosa.*

- Propóleos.

- Tierra de diatomeas.

- Polvo de roca.

- Preparaciones a base de metaldehído.

- Azufre.

- Caldo bordelés.

- Caldo borgoñón.

- Silicato de sodio.

- Bicarbonato de sodio.

- Jabón potásico.

- Preparaciones a base de feromonas.

- Preparaciones a base de *Bacillus thuringiensis.*

- Aceites vegetales y animales.

- Aceite de parafina.

REGLAMENTACIÓN Y COMERCIALIZACIÓN

Es posible comercializar los tomates en distintos estadios de maduración: verdes, parcialmente rosados, rosados, rojos. Estas variaciones de colorido implican evidentemente una utilización diferente. Los frutos rojos se usan únicamente para la preparación de salsas o para tomates pelados. Estos frutos se envían a los mercados o a las factorías donde serán trasformados. Los frutos que no han madurado completamente, generalmente se destinan a las verdulerías y se consumen exclusivamente en ensalada.

Normas de calidad

Las normas de calidad están controladas por el reglamento CEE n.º 1035/72 modificado por el reglamento CEE n.º 484/86 del Consejo del 25 de febrero 1986. Estas normas regulan la comercialización de los tomates destinados a la exportación. En función de la forma se distinguen tres tipos de tomates:

— redondos de forma esférica (incluye también los tomates de tipo cereza);
— achatados y acostillados;
— alargados o tipo pera.

Disposiciones referentes a la calidad

En todas las categorías los tomates deben ser:

— enteros;
— de aspecto fresco;

— sanos; se rechazan los productos afectados por podredumbres o alteraciones que los convierten en poco aptos para el consumo;
— limpios, prácticamente exentos de sustancias extrañas visibles;
— no deben presentar una humedad externa anormal;
— exentos de olores o de sabores extraños.

Clasificación

Los frutos se clasifican en cuatro categorías.

• Los tomates de categoría extra requieren una calidad superior. Deben tener la carne firme y presentar la forma, el aspecto y el desarrollo que correspondan al tipo varietal al que pertenecen. Los tomates maduros no pueden presentar partes verdes ni otros defectos, excepto ligeras alteraciones superficiales de la epidermis, con la condición de que estas no alteren ni la calidad ni el aspecto general del producto, ni su presentación en el embalaje.

• Los tomates de la categoría 1 deben ser de buena calidad, suficientemente firmes y presentar las características del tipo varietal. Es necesario que estén exentos de grietas sin cicatrizar y de partes considerables, todavía verdes. Se admiten ligeras deformaciones, algunos defectos de desarrollo o algunas magulladuras ligeras.

• Los tomates de la categoría 2 deben cumplir los siguientes requisitos: se admiten defectos de forma, de desarrollo y de coloración, con la condición de que los frutos conserven las características mínimas de las categoría precedente. Es necesario que se mantengan firmes y no presenten magulladuras sin cicatrizar.
Se aceptan defectos de forma, de desarrollo y de coloración, así como defectos en la epidermis o magulladuras siempre y cuando no estropeen seriamente el fruto; también se aceptan las grietas ya cicatrizadas de 3 cm de largo, como máximo.

• Los tomates de la categoría 3 corresponden a las características correspondientes a la categoría 2; sin embargo, los defectos de la epidermis

pueden ser más importantes; pueden presentar grietas cicatrizadas de más de 3 cm de largo.

Estas normas de calidad no tienen en cuenta un defecto muy grave que encontramos a menudo en los frutos recolectados en plantas que han recibido demasiado nitrógeno cerca de la maduración o cuando la frecuencia de riego es irregular: el vaciado. Se manifiesta por la formación de grandes espacios huecos entre el pericarpio y la placenta, en el interior del tomate. El vaciado es grave puesto que el fruto es más difícil de manipular debido a su consistencia irregular. Además el color no suele ser uniforme.

Respecto al calibre de los tomates, las normas son:

DISPOSICIONES CONCERNIENTES AL CALIBRE				
	extra	1	2	3
variedades redondas o acostilladas	35 mm	35 mm	35 mm	35 mm
variedades alargadas	30 mm	30 mm	30 mm	20 mm

TOLERANCIAS EN CUANTO A LA CALIDAD

En la categoría extra, el 5 % en número o en peso de tomates no corresponden a las características de la categoría; sin embargo, se hallan conformes a las de la categoría 1.

En la categoría 1, el 10 % en número o en peso de frutos no corresponde a las características de la categoría; sin embargo, se hallan conformes a las de la categoría 2.

En la categoría 2, el 10 % en número o en peso de frutos no corresponde a las características mínimas, exceptuando los frutos afectados por podredumbres, por magulladuras pronunciadas o por cualquier otra alteración que los convierte en no aptos para el consumo.

En la categoría 3, el 15 % en número o en peso de frutos no corresponde a las características mínimas, exceptuando los frutos afectados por podredumbres, por magulladuras pronunciadas o por cualquier otra alteración que los convierte en no aptos para el consumo.

Forma ligera

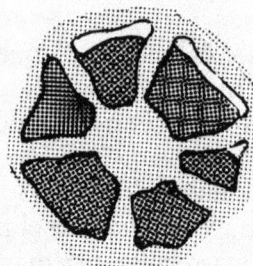

Forma ligeramente grave

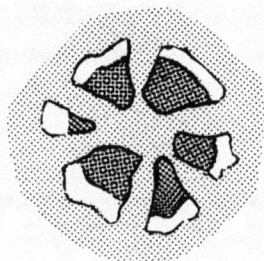

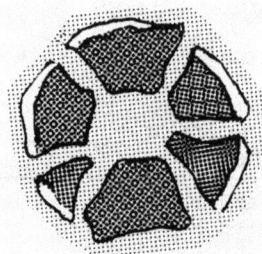

Forma grave

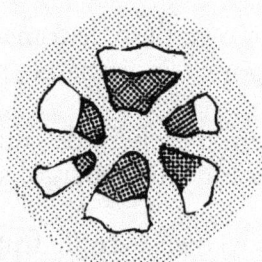

| Variedad | Variedad |
| de lóculos gruesos | de lóculos finos |

Distintos grados de «ahuecado» según las normas de calidad americanas

TOLERANCIAS DE CALIBRE

Para todas las categorías, se tolera un 10 % en número o en peso de los tomates correspondientes al calibre inmediatamente inferior o superior al calibre identificado.

Presentación

Homogeneidad

El contenido de cada paquete debe contener tomates de un mismo origen, variedad y calidad y el mismo estado de maduración. En los tomates de la categoría extra y 1 se exige la homogeneidad en el color.

Sistemas de embalaje

Los tomates deben estar protegidos de forma adecuada; los materiales deben ser nuevos y no resultar tóxicos (tinta y cola no tóxicas). Generalmente se comercializan en cajas, y los frutos se disponen en una sola capa. Para protegerlos o para hacer el producto más atractivo, se pone en las cajas una lámina de plástico alveolada con las formas de copa dispuestas para recibir el fruto. Puede haber entre 20 y 48 copas según el tamaño de los tomates. En el exterior de cada embalaje deben constar de forma legible e indeleble las indicaciones siguientes:

• Identificación:

— embalador;
— remitente;
— nombre y dirección o código de registro expedido por un servicio oficial.

• Naturaleza del producto:

— «tomates» si el contenido no es visible desde el exterior;
— nombre de la variedad para todas las categorías.

Estas indicaciones son también obligatorias para todos los tomates tipo cereza y los clasificados en la categoría 3, cultivados bajo protección (invernadero o plástico) y un calibre comprendido entre 20 y 35 mm; o los alargados y de calibre comprendido entre 20 y 30 mm.

• Origen del producto:

— país de origen, y eventualmente zona de producción o denominación de origen nacional, regional o local.

• Características comerciales:

— categoría;
— calibre o número de unidades.

Maduración forzada

Es posible recolectar los tomates en diferentes estadios de madurez según las exigencias comerciales. En general, deben transcurrir por lo menos 45 o 50 días a partir de la polinización antes de que los frutos hayan alcanzado un estado fisiológico de maduración suficiente que asegure su desarrollo completo. Existe la posibilidad de cosecharlos cuando todavía están verdes, siempre que presenten las características que indican que el fruto está maduro. Ante todo, es necesario que el tomate haya perdido el color verde intenso en su parte distal para dejar paso a un verde más claro. Los frutos cosechados en verde, incluso si acaban por adquirir tonalidades tirando a rojo, nunca serán de color rojo vivo. La placenta proporciona el color verde-rosado y la consistencia gelatinosa poco apreciada por los consumidores.

Se puede acelerar la obtención del color rojo, recurriendo a lo que se llama la maduración complementaria. Esta consiste en disponer los tomates en cámaras a una temperatura de 18 °C, y se introduce entonces un gas, el etileno al 1 %; si conviene se puede además enriquecer la atmósfera con oxígeno al 35 o 40 %. La proporción de oxígeno presente en el aire queda prácticamente duplicada. En estas condiciones los frutos maduran y se tornan rojos rápidamente.

Es preferible que una vez transcurridas doce horas la temperatura se reduzca a 13 o a 14 °C; el proceso de maduración sigue pero se evita un reblandecimiento excesivo de la pulpa.

Conservación de los tomates

La conservación de las bayas es siempre difícil por varias razones, en particular por la dificultad que hay en determinar la temperatura óptima en relación con su grado de maduración. Además los frutos son muy sensibles y acaban por presentar rápidamente un reblandecimiento de la pulpa que impide toda manipulación. El tomate es pues un fruto que se conserva poco tiempo, incluso si se recoge verde (a pesar de que se podría esperar una mejor conservación respecto a los frutos cosechados maduros).

Dos razones se oponen a una larga conservación de los frutos cosechados poco maduros:

— son sensibles a las bajas temperaturas;
— son sensibles a la presencia de etileno en el aire, lo que estimula la maduración pero causa también una rápida senescencia.

No es posible someter los frutos verdes a temperaturas inferiores a los 11 o 12 °C ya que rápidamente presentarían un reblandecimiento, las zonas hialinas hipertrofiadas, y finalmente se pudrirían.

La sensibilidad a la temperatura está estrechamente ligada al grado de maduración. No conviene exponer los frutos rosados a temperaturas inferiores a los 8 °C, ni los anaranjados a menos de 4 o 6 °C. Por el contrario los frutos maduros, menos sensibles al frío, pueden permanecer a temperaturas de 0 o 2 °C. De todas formas es difícil conservarlos más de tres semanas, ya que el frío no para completamente el metabolismo del fruto que continúa más o menos rápidamente degradándose, reblandeciéndose y perdiendo firmeza. También se tendrán en cuenta los procesos de marchitez debidos a la transpiración y a las podredumbres. Es evidente por lo tanto que las causas que limitan el periodo de conservación son múltiples. Es indispensable que el grado de humedad de los tomates sea siempre elevado: alrededor del 90 %, para evitar que se marchiten.

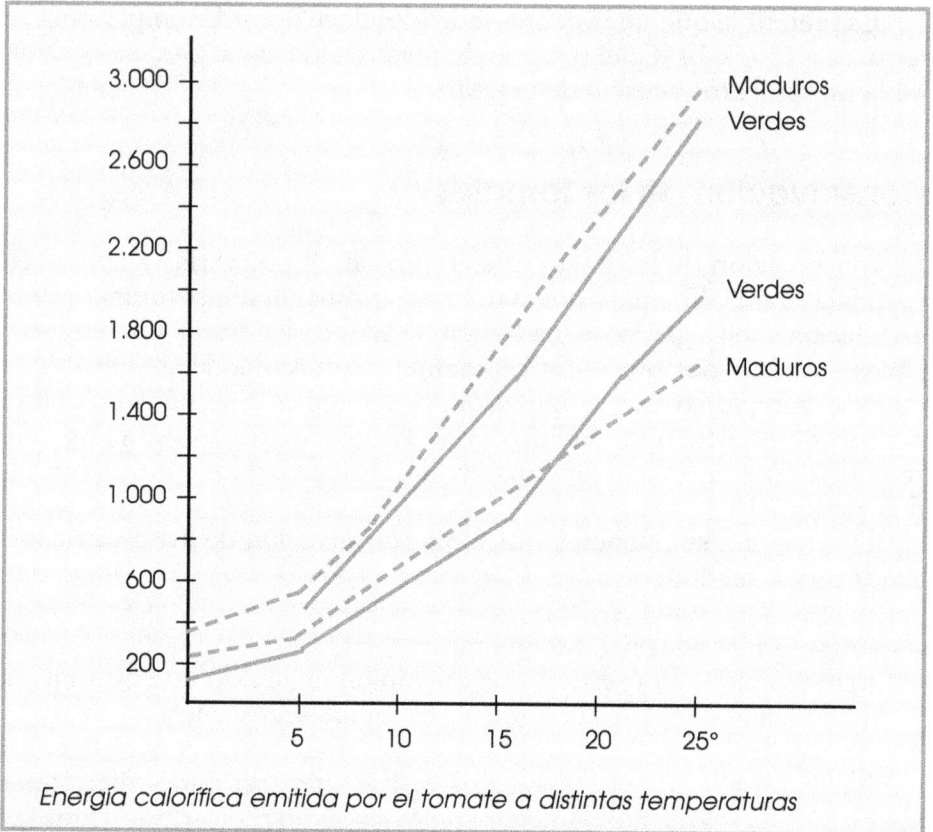

Energía calorífica emitida por el tomate a distintas temperaturas

Si se modifica la atmósfera, se puede prolongar la conservación y limitar el porcentaje de mermas. Las atmósferas más apreciadas parecen ser aquellas en las que el nivel de oxígeno alcanza el 1 % y el anhídrido carbónico el 3 o 4 %. Si el nivel de oxígeno es inferior y el nivel de anhídrido carbónico superior, se constatan alteraciones específicas. Para evitar que los frutos se pudran durante este proceso, puede ser de utilidad tratarlos con fungicidas específicos antes de que se inicie. Si se quieren conservar tomates verdes o rojos más de una semana y obtener unos frutos completamente rojos, deben guardarse a una temperatura de 18 °C. Un proceso metabólico se desencadena entonces y asegura la obtención de un color satisfactorio, así como una buena calidad organoléptica.

Conviene saber por qué los tomates verdes no se conservan más tiempo que los maduros. Se puede explicar por la respiración de las bayas a diferentes temperaturas. Como se puede ver en el diagrama anterior —que expresa los límites mínimos y máximos del calor desprendido por la respiración— los tomates verdes tienen una actividad metabólica superior a los tomates maduros, sobre todo cuando hace calor.

Semillas

Las semillas son ovaladas y achatadas, y su tamaño varía sensiblemente de una variedad a otra. Pueden medir entre 3 y 5 mm de largo y de 2 a 4 mm de ancho. Un gramo (de semillas) puede contener de 350 a 400 semillas de tomates pequeños y solamente de 280 a 330 de los más grandes. Un litro de semillas puede pesar entre 300 y 320 g.

Su número varía de un fruto a otro. De un kilogramo de tomates se pueden extraer dos gramos de semillas si son pequeños y cuatro gramos si son grandes.

La legislación prevé que las semillas no deben contener más de un 5 % de materia extraña y que la capacidad de germinación (número de semillas viables capaces de generar una nueva planta) no sea inferior al 90 %. Esta capacidad de germinación puede ser a veces inferior pero no debe bajar del 75 %, para no perjudicar la productividad de la cosecha. Las semillas seleccionadas deben contener un 98 % de semillas de la variedad escogida.

La ley no tiene en cuenta la energía germinativa, es decir, su rapidez de crecimiento a temperatura constante. Sin embargo es un factor importante ya que cuanto más rápida es la germinación más vigorosas son las plantas obtenidas.

Las semillas son ricas en grasas —alrededor de un 20 %—, de las que se obtiene un aceite (igual que de las semillas de otras plantas) amarillo anaranjado que se utiliza en la industria. Tiene la particularidad de ser semidesecante. La vitalidad de las semillas es de corta duración a causa de su alto contenido en grasas.

La semillas pueden permanecer fértiles durante tres o cuatro años si se conservan convenientemente. Para una excelente capacidad de germinación, conviene que el grado de humedad sea inferior al 5,5 % y que

la humedad ambiental no sobrepase el 20 %. El nivel máximo de humedad de la semilla y de la atmósfera deben ser respectivamente de 6,3 % y 30 % para conservar una capacidad óptima de germinación después de tres años. Si el nivel de humedad es superior, su vitalidad no sobrepasa un año.

La temperatura de conservación debe estar entre los 5 y 10 °C, si no el porcentaje de germinación disminuye sensiblemente.

Las semillas de las variedades de tomates de mesa y para conservas de tomates pelados se comercializan a través de un gran número de empresas.

Antiguamente era el agricultor mismo quien extraía de los tomates las semillas que utilizaría al año siguiente. La selección de las bayas era pues fundamental.

Actualmente estas operaciones son llevadas a cabo por empresas especializadas.

Veremos a continuación rápidamente cómo proceder para la preparación de las semillas: se pueden extraer del fruto varios días después de la cosecha, cortando el tomate en dos. Después de recoger las semillas y la placenta se disponen sobre un trozo de tela, se aplasta y se frota todo enérgicamente (sin estropear las semillas), y se lava. Finalmente, se extienden las semillas con mucho cuidado sobre una tela que se pone a secar a la sombra.

Las mejores semillas son las de tomates maduros ya que están llenas de vitalidad. En efecto, el minúsculo embrión del tomate sólo tiene una poca cantidad de sustancias de reserva entre el tegumento amarillo o gris cubierto de numerosos pelos.

A menudo las semillas de las variedades para concentrados provienen de la industria que las recupera como subproducto, aunque sería más interesante guardar los mejores frutos, desarrollados en el mejor momento, para producirlas. Es la única manera de obtenerlas sanas y capaces de dar plantas excelentes.

Conviene recordar que numerosas enfermedades criptogámicas y víricas se propagan por la semilla. Aquellos que desean producirlas deberán ser conscientes de este peligro y proceder a una rigurosa selección para eliminar todos los frutos provenientes de plantas afectadas por alguna marchitez, bacteriosis, chancro, manchas sobre las hojas o verticiliosis.

VALOR NUTRITIVO DE LOS TOMATES

Se consumen muchos tomates porque el sabor es agradable y porque se pueden utilizar de numerosas maneras: frescos, en ensalada, cocidos, aderezados, en salsa, en zumo. Su consumo es aconsejable y para algunos su aroma estimula el apetito. Tienen un elevado valor nutritivo ya que son ricos en vitaminas y sales minerales. En los tomates se encuentran todas las vitaminas, aunque en los parcialmente rojos cultivados al sol predomina la vitamina C, que se halla en una cantidad media de 69 mg por 100 g de pulpa. La vitamina A también está presente en gran cantidad, particularmente en los frutos bien rojos. Las sales minerales alcanzan el 0,8 %, siendo el potasio la más importante; también contienen numerosos oligoelementos: hierro, manganeso, cobalto, níquel, cobre, flúor, yodo, que hacen de los tomates un producto interesante desde el punto de vista alimentario. El valor calórico es más bien modesto: 100 g de pulpa proporcionan una media de 20 calorías, y contienen pocas proteínas y grasas.

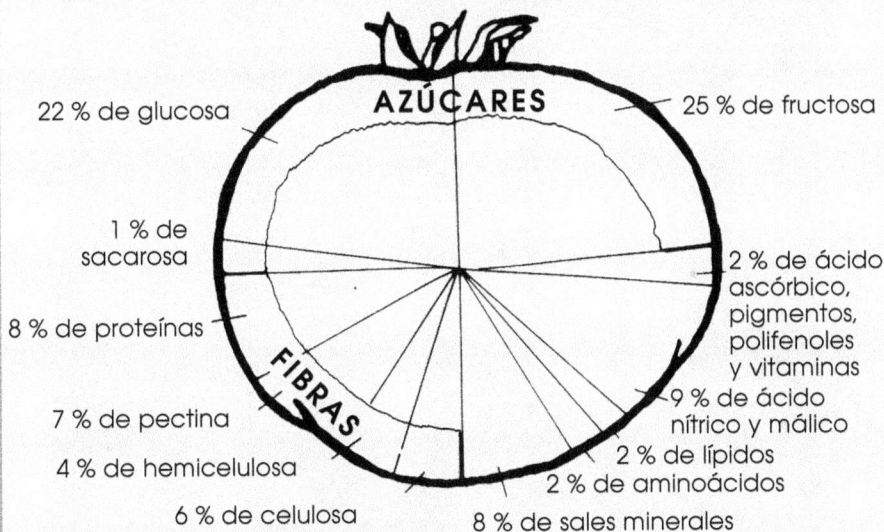

AZÚCARES

22 % de glucosa

25 % de fructosa

1 % de sacarosa

2 % de ácido ascórbico, pigmentos, polifenoles y vitaminas

8 % de proteínas

FIBRAS

9 % de ácido nítrico y málico

7 % de pectina

2 % de lípidos

4 % de hemicelulosa

2 % de aminoácidos

6 % de celulosa

8 % de sales minerales

K = 1,88-5 g/100 ss*
P = 0,29-0,84 g/100 ss
Mg = 0,13-0,59 g/100 ss
Ca = 0,10-0,24 g/100 ss
Na = 0,40-0,66/100 ss

Fe = 48-800 ppm**
Zn = 12-62 ppm
B = 3-27 ppm
Cu = 5-9 ppm
Mn = 0,02-0,03 ppm

*ss: sustancia seca; **ppm: partes por millón.

RECETAS

CAPRESE
(tomates a la italiana)

PARA 2 PERSONAS

4 tomates grandes (ligeramente verdes)
Mozzarella
Sal
1 cucharada sopera de albahaca fresca picada fina
Aceite de oliva

Una vez limpios los tomates los cortaremos en rodajas. Escurriremos la mozzarella y la cortaremos también en lonchas.

Dispondremos, alternativamente, en una bandeja, las rodajas de tomate y las rodajas de queso.

Salaremos ligeramente, esparciremos la albahaca y aliñaremos con el aceite de oliva. ¡Es muy fresco y delicioso!

CONFITURA DE TOMATES VERDES

1,5 kg de tomates verdes pequeños
1,5 kg de azúcar
2 limones cultivados sin pesticidas
3 clavos de especia
1/2 cucharadita de café de canela en polvo
1 vaina de vainilla

Lavaremos los botes y los colocaremos boca abajo sobre un paño limpio.

Escaldaremos los limones y los cortaremos en tiras grandes.

Lavaremos con agua los tomates verdes, los secaremos, eliminaremos los peciolos y los cortaremos en trozos grandes. Los aplastaremos ligeramente con la espumadera en la cacerola de hacer mermelada.

Añadiremos los trozos de limón y las especias. Lo cubriremos todo con el azúcar.

Dejaremos que hierva a fuego lento y removeremos continuamente con una cuchara de madera. Eliminaremos la espuma si es necesario. Pasaremos a una ebullición más fuerte durante unos veinte minutos hasta que la mermelada adquiera la consistencia adecuada.

Sacaremos los clavos. Llenaremos los tarros con la confitura todavía caliente repartiendo los trozos de tomate. Cerraremos los tarros y les daremos la vuelta hasta que se enfríen.

CREMA DE TOMATES

PARA 4 PERSONAS

500 g de tomates jugosos
50 g de harina
1 litro de caldo de ave
1 cebolla
1 rama de apio
1 cucharada sopera de aceite de oliva
1 manojo de cilantro
1 pizca de sal
1 pizca de pimienta
10 cl de nata líquida

Escaldaremos los tomates y, después de pelarlos y quitarles las pepitas, los aplastaremos.

En una cacerola calentaremos el aceite, añadiremos la harina y cuando empiece a tomar color la humedeceremos con el caldo. Dejaremos hervir con suavidad removiendo continuamente. Añadiremos los tomates, la rama de apio cortada en pequeños dados, la cebolla picada y las hojas de cilantro previamente lavadas, secas y sin los tallos.

Taparemos y dejaremos cocer una media hora. Pasaremos por la batidora y añadiremos la nata líquida antes de servir.

ENSALADA DE BACALAO Y TOMATE

PARA 6 PERSONAS

*450 g de bacalao (a remojo desde la noche anterior
en agua fría que se irá renovando)
8 tomates (dos de ellos bien maduros)
500 g de patatas
1 vaso de vino blanco seco
3 huevos duros
50 g de olivas negras
3 escalonias picadas
Laurel*

Salsa: *2 cucharadas soperas de vinagre
4 cucharadas soperas de aceite de oliva
Sal y pimienta
2 dientes de ajo picados
Perejil, cebollino picados*

Colocaremos el bacalao desalado en una cazuela con agua fría. Añadiremos una hojas de laurel, algunos granos de pimienta, un chorrito de vinagre y una pizca de sal; dejaremos que cueza a fuego lento unos 10 minutos contados desde que comience a hervir. Pondremos las patatas a cocer con piel y en agua salada. Cuando estén cocidas las pelaremos y cortaremos en dados. Las colocaremos en una ensaladera con las escalonias picadas, añadiremos sal, pimienta y las mantendremos tibias.

Seguidamente agregaremos el bacalao bien escurrido y los tomates (preferiblemente pelados) cortados en dados.

Haremos una vinagreta añadiendo las hierbas y el ajo picados. Mezclaremos bien. Pelaremos los dos tomates restantes, los pasaremos por el chino y los añadiremos a la salsa.

Verteremos esta salsa sobre la ensalada y, después de mezclar bien, decoraremos con las olivas y los huevos duros en cuartos.

TOMATES RELLENOS

PARA 4 PERSONAS

8 tomates bien firmes
3 tomates bien maduros
1 pizca de sal
1 pizca de pimienta
1 cucharada sopera de coñac
200 g de pierna de cordero
200 g de lomo de cerdo
200 g de jamón ahumado
1 huevo entero
1 cucharada sopera de pan rallado
1 ramillete de perejil
1 ramillete de orégano
Aceite de oliva
1 taza de arroz largo

Picaremos las carnes y el jamón y mezclaremos con el huevo entero, el perejil y el orégano deshojados. Salpimentaremos, añadiremos el pan rallado y mojaremos con el coñac. Rectificaremos de sal si es necesario. Dispondremos el arroz en una fuente para el horno. Colocaremos dentro los tomates grandes vaciados y sin casquete. Los rellenaremos con la preparación y colocaremos el casquete. Cortaremos los tomates pequeños, aplastaremos la pulpa sobre el arroz y añadiremos el aceite de oliva y el agua.

Introduciremos en el horno previamente calentado (200 °C) durante unos tres cuartos de hora y mojaremos regularmente el arroz con un poco de agua para que no se seque.

TOURAIN DE TOMATE

PARA 6 PERSONAS

1 lata grande de tomates pelados
3 escalonias
1 cucharada sopera de harina
30 g de grasa de oca
Sal y pimienta
6 rebanadas de pan de centeno
2 yemas de huevo

Verteremos el contenido de la lata de tomates en una gran cacerola.

Después de pelar y picar las escalonias, las doraremos en una sartén con la grasa de oca.

Cuando estén bien doradas agregaremos una cucharada (bien llena) de harina, y una vez haya tomado color añadiremos el agua.

Verteremos esta salsa espesa sobre los tomates, removeremos y llevaremos a ebullición. Dejaremos reducir durante tres cuartos de hora, sazonaremos y probaremos. Si la mezcla resulta demasiado ácida podemos añadir medio terrón de azúcar.

Después de pasarlo todo por la batidora, lo verteremos, batiendo la mezcla, en una sopera que contenga las yemas de huevo.

Acompañaremos el plato con rebanadas de pan de centeno.

VELOUTÉ DE TOMATES CON ALBAHACA

PARA 6 PERSONAS

1 kg de tomates bien maduros
1 ramillete de albahaca
100 g de queso mozzarella
12 huevos de codorniz
1/2 l de caldo de ave
1 cucharada sopera de aceite de oliva
1 cucharadita de café de azúcar
1 cucharadita de café de vinagre de vino blanco
2 dientes de ajo
Sal
Pimienta

Prepararemos el caldo.

Escaldaremos los tomates, los pelaremos, los partiremos en dos y sacaremos las semillas. Los pasaremos por la batidora con el caldo todavía caliente y el azúcar, para conseguir una crema bien espumosa y salpimentaremos. Añadiremos los dientes de ajo machacados y la mitad de las hojas de albahaca picadas. Verteremos en una sopera y mantendremos en el frigorífico. Escaldaremos cuidadosamente los huevos de codorniz de dos en dos en agua hirviendo con vinagre y los escurriremos.

Cortaremos la mozzarella en dados.

En el último momento, añadiremos el aceite a la crema de tomates batiendo vigorosamente. Repartiremos los huevos de codorniz en platos hondos o en copas individuales así como el queso. Verteremos la sopa y decoraremos con las hojas de albahaca restantes.